人生再痛，也要堅持信念

一個九份撿煤渣孩子的奮鬥人生

林春雄　著

推薦提字　法鼓文理學院校長

釋惠敏

敬賀 林春雄先生自傳出版

九份台北窩西樣
識急寶在人之能
難能吃苦過重關
創業修行真可貴

法鼓文理學院校長
釋惠敏合十
二〇一六年春分

作者的話

九份是我的故鄉，是一處青山綠水、風光明媚的好地方，也被稱為「小上海」，早期九份在日據時代，為金礦的出產地，與金瓜石齊名，當時因為挖採金礦，有很多礦工在九份居住。一到晚上，夜夜笙歌、酒歌儷影，男女跳舞歡樂，好不熱鬧，從遠方的海上就看得到一片燈火通明，所以被稱為「小上海」。

我年幼時家境不好，常常是有一餐沒一餐的，國小還未畢業就到台北大都會討生活，從學徒當起。因為認真勤奮被老闆賞識而當上業務員，後來又轉業改賣玩具。當時的塑膠燈籠，一個個吊掛在店門前讓遊客觀賞，但是一到天黑，就沒法讓遊客看見紅燈籠高高掛了，這一來，促動我的研究心，靈機一動，建議老闆在燈籠裡放一粒小燈泡，用電線連起來，開關一開，紅色燈籠內發出的燈光照亮整個街道，比白天更漂亮，更引人遐思，為玩具店老闆賺進了鈔票，後來自己也開店當起老闆。

等兵單的時候，又學會燙衣服的技術，俗話說，「家財萬貫，不如一技在身。」當兵時，又因相貌老實，讓岳母相中，而娶了牽手。成家立業後被房東逼迫搬家，想買房子卻沒錢，這時需錢急用，才知沒錢的痛苦。後來利用姑媽給我的十三元當創業經費，從跑水貨開始，賣起舶來品，因當時顧客看我忠厚老實，挺我這個創業的年輕人，客人源源不絕。最後，在台塑公司王永在夫人一句話提醒之下，決定到日本做生意，但是當時我連一句日本話都不會講，也看不懂日文，所以花錢請老師教日語，學好日文後，才放膽到日本做生意，更開了一家國際貿易公司。

然而我在因緣際會之下，到了美國開餐館，但是當時我連打蛋都不會，在細心研究學習廚藝之後，才將幾乎要跑光的老客戶留住，又恢復接收前餐廳高朋滿座的景象，工作之餘又去成人學校學英文對話，那時要學英文又要照顧食客，真是兩頭燒啊！後來我賣掉美國的住家和餐館，來到加拿大經商和定居。在有落葉歸根的想法時，我回到台灣了，在二〇〇〇年皈依聖嚴師父，如今在法鼓山當志工服務大眾。

撰寫這本回憶錄的因緣，是要讓大家了解到我刻苦的一生，就像「潛龍在淵」，而後，「飛龍在天」翻雲覆雨的精神，過海到日本、美國、加拿大、中國大陸經商做生意和定居。

試問，一名國小未畢業的平凡之輩，英、日語言不通，有多少人能像我有這樣的勇氣及膽量，飄洋過海到外國做生意？寫下這一段經歷，是要鼓勵大家要有勇氣、有膽量，不怕人生的挫折和苦難。

在此與大家共勉之！

林春雄

目次

一、我的故鄉，九份

思念，永遠在回鄉的路上。

家在哪裡，心就在那裡

九份在那裡？我的家就在那裡，打開地圖，原來在台灣東北角的海岸水湳洞到丁蘭谷，位於金瓜石到瑞芳之間，為北濱公路中途的過站處，附近有臺金公司廠房，有房子沿山坡往上建蓋，形成很獨特的建築景觀，臺金洗礦廠前的海灣，海水呈現藍、黃雙重顏色，是難得一見的景觀，人稱「陰陽海」。在金瓜石往金字碑的中間就是九份。

金字碑位在瑞芳鎮猴硐里，三貂嶺古道上，三貂嶺古道與草嶺古道合稱淡蘭古道，為昔日宜蘭往台北的必經之走廊。

基隆山位在金瓜石與九份之間的海邊，海拔五百八十八公尺，古稱雞籠山，山頂又稱觀濤坪，有一顆三等三角點，基隆山為一獨立的山頭，背對燦光寮山系，面向大海，視野遼闊，由前方望海，湮波浩渺，東有鼻頭角，西有深奧灣，古往今來船隻皆以基隆山為方位標的，山頂可以觀濤聽海，而名之為「觀濤坪」。

基隆山據說是台灣的龍脈之首，金瓜石過去藏有黃金大夢，水金九公路為連接水湳洞、金瓜石與九份三地，從基隆山往下望，在六十多年前，種植有芋頭番薯，那種鮮豔紫色的番薯，在過去的記憶中，那曾經是爸爸親手種植的，香Q可口，不過土地是別人的，等於替別人種番薯，總要等地主挖完大顆的番薯，才輪到他們挖，雖然大的被挖走了，還留有小顆的，每次挖到番薯，那種小小的喜悅，卻有著大大的滿足，在那樣困苦的時代，能填飽肚子就是一種幸福啊！

從十三棧到牡丹坑，那座東紅山，從一三六度五分山到八斗子，再走到水湳洞，再銜接陰陽海，基隆山水金九公路上的海景，從日落到日出，昔日的繁華不再，從前的九份也稱小上海，當時許多淘金客來此淘金，三十年前黃金一兩一萬元，如今金價節節上揚到四萬元，時間與大環境的變化不可同日而語。

九份經常在下雨，每逢下雨前的九份，霧濛濛地猶如戴了一頂銀白色的帽子，

▲ 霧霧濛濛的九份，有著它獨特之美，右下角為帝君廟。

▲ 站在人來人往的九份老街，童年的記憶一一浮現。

雲一層層的覆蓋，沒多久，天色轉黑、變暗，煙雨濛濛，此刻，雨點飄落，變化無窮，陰、冷、溼的九份，引來我這個九份孩子的哀嘆。

常駐足遠眺基隆山的我，自十四歲離鄉迄今近一甲子，最後終究還是返鄉找尋童年的記憶，若問一個人家在哪裡，那麼他的心肯定也在那裡囉！

二〇一五年走訪九份，感謝台陽公司廖拱信先生帶領參觀，早年九份開採礦業的種種，提供許多彌足珍貴的資料，並提到採礦時直接點燃炸藥引爆礦坑，盡忠職守的礦工們一點也沒顧慮到安全性與健康，於是造成吸入過多礦灰粉塵，而得到肺癆，也就是塵肺病。之後再改為水灑礦坑再爆破，避免礦工吸入過多的粉塵。

因採礦而犧牲的礦工們，則於鄰近處招魂，不禁感嘆黃金固貴矣，而人命尤重！惟人乃肉體，焉能與金石爭壽乎？然則因鑿山採礦，冀得黃金而喪厥生命者，斯可哀也已。為了感念這群為開墾礦業犧牲者，黃金永在，而犧牲者往矣。目前於農曆每年七月十六日舉辦招魂法會。

當年的礦工採礦辛苦，收入少之又少，視當時挖掘的黃金多寡而定，他們的生活白天入礦坑，穿著如乞丐，下了礦坑，晚上搖身一變如紳士，礦工們的黃金夢，讓他們不敢奢望還有明天，有錢時花上兩碗五元的餐費，沒錢時則吃三碗五元的食物。

九份的村民信仰媽祖，每年農曆四月一日媽祖遶境的情景盛況空前，媽祖本來是海上保護神，傳入台灣後，人人信仰，每年三月二十三日各地都有媽祖遶境，消災祈福無所不能，是九份聚落最熱鬧的民間信仰，沿途民眾手持焚香與遶境隊伍交換，將換來香枝帶回家中，據說香灰可庇蔭保佑全家平安，遶境隊伍舞獅向店家祝賀、領紅包，另扮有土地公，脖掛酥餅，取回吃平安。

媽祖遶境夕落轎鑾回廟宇，熱鬧氛圍延伸入各村，家家戶戶辦桌請客，居民對信仰的熱情，真是無法以言語形容。

小時候還聽說有村民為籌錢辦桌迎媽祖請客，把自家的棉被都拿去典當呢！

出生窮苦，造就一身膽識

就在這基隆山的對面層層密密的房屋堆裡，瑞芳九份崙頂路三十五號，這是我的老家。我於民國二十九年三月十八日（農曆二月十日）出生。父親是淘金人，母親生了三男四女，我有大姊、二個哥哥、三個妹妹，我排老四。

父親想不出該給我取什麼名字，阿公就抱我去九份一家很有名氣的內科醫師林英鄰先生那裡，林醫師前兩胎都生女兒，所以把二女兒取名叫林春江，果真第三胎就生男孩了。阿公請林醫師幫忙，林醫師說台北有一位「林春雄」很有錢，就取名叫「林春雄」吧！這也就是為什麼我和二個哥哥林祥盛、林祥喜中間的名字不同。想不到後來在九份國小讀書時，竟然和林醫師的二女兒林春江同班，大家都以為我們是雙胞胎，真是太巧了。

▲ 九份瑞芳鎮崙頂路三十五號，這間房子是我的老家，在家門前留下倩影，心中浮現點點滴滴的往事。

回憶起小時候生活非常清苦，當時父親與人合夥的淘金事業失敗，轉為做零工，有一餐沒一餐的日子，父親也因此心情煩悶而生病了。那時堅強的母親代替父親進入礦區工作，雖然生活辛苦，堅強的母親從不抱任何的怨言。只要淘到黃金就能過日子，若是沒有就只能到處去借米，母親會帶著我們去九份山上採野百合的莖（像蒜頭一瓣一瓣，現在算是很珍貴的食物，母親在當年就知道百合莖是滋養品），帶回家蒸了當飯吃，非常營養。讓我們這群孩子能夠獲得暫時

▲ 我的家，就在這堆密密麻麻的九份房子裡。

▲ 日本的伊香保和九份一樣的街景。

的溫飽，感恩地想著「大地如此地神奇」，創造這樣的美味。

小時候問媽媽：「為什麼我會出生在你們這麼窮苦的人家裡?!」媽媽抬起頭望著我，無奈地說：「是啊！你為什麼不去出生在有錢人家？偏偏要出生在我們家呢？」我啞口無言，自己來出生投胎到林家，老天爺一定有他的道理！

聖嚴師父說：「大鴨游出大路，小鴨游出小路，不游就沒有路。」如今看來，也正因為這個家造就了我一身是膽，讓這隻小鴨游出九份，游出

▲ 九份的天空，灰灰地、濛濛地，還不時下著雨。

大路，在日本十年、美國八年、加拿大二十年，走過世界各地。

且看這隻九份小鴨林春雄，如何游出九份，如何游出一條不同的人生道路，而努力開創屬於自己未來的浩瀚大海……

▲ 與父母和妹妹的合照。

臉憂憂的孩子，叫賣拚家計

九份很會下雨，愁雲慘霧的景象常使我心悶，爸爸常問我，「阿雄啊，為什麼你總是臉憂憂的？」我答不上來，家境如此，大環境又如此，總是要想出法子來。

為了讓家裡好過些，才七、八歲的我跟著大人們去猴硐坑洗煤渣子，那條從三貂嶺流下的溪流，上面有煤坑，當煤坑工人開採後所落下的煤渣，有些煤渣總順著河流流下，洗出來的煤渣子可以帶回家燒，也可以賣點錢。

那時我年紀最小、個子也最小，鄰居阿文太太的阿桃擔心我過溪腳滑摔跤，還特別要背我過溪，熱心的阿桃背我過溪，再背我回來，在我小小的心靈中感受她對我的疼惜。

稍長一點，我準備一口木箱子，裡面鋪著一條毛巾保溫，外出賣芋頭煎、米糕煎、地瓜煎，在九份的大街小巷，又濕又冷的石階上上下下，光著腳丫大呼小叫的叫賣著，和一群家境不好的小孩一起為了生計打拼，每天賺十元或二十元給媽媽買米家用。不然就是去「背土」淘金，背到山上秤看多重，一天下來十趟可以賺上二十幾元。

當時我才十幾歲，面對貧窮的大環境、面對家境的困頓，總是想方設法地賺錢來貼補家計，或許日後我源源不絕的生意點子，就是出自於此，出自於窮則變、變則通，雖逢處處難關，但每一關我都勇敢跨越，才能如此一路暢通，因而開創我未來的國外事業。

後來爸爸開了一間雜貨店，早上五點就到瑞芳補菜回來賣，十三歲的我，還未成年，只能用哥哥（祥盛）的名字去補貨，不知情的老闆叫著：「祥盛啊！你上回欠的八十元還沒還清呢！今天才還個五十元，又要兩箱高麗菜，這怎麼行呢？」我一聽，耳根子紅了，啞口無言，心裡非常擔心受怕，只得回家告訴爸爸，沒能達成任務，爸爸說：「死孩子！真沒用，告訴他下一次再給他不行嗎？」心中真是甘苦萬分。

和爸爸之間，有一種說不出的情感，五歲的時候，因為面臨戰亂，有許多時候都要躲空襲，有次遠走躲到宜蘭石城，爸爸肩挑著扁擔，一頭挑著小小的我，另一頭挑著逃難的物品，挑著我與重擔的爸爸就這麼走到石城車站過夜，等天亮了，才又走到山頭避難。原以為逃到山上就平安無事了，哪知好奇的我看見地上有一節雨傘頭，伸手去觸摸，結果一條雨傘節蛇突然出現在眼前，嚇得兩腿發軟，差點站不住腳，幸好當時爸爸勇敢的將我一把抱起帶離開，而免去一場驚險。

母子連心，割捨不了的親情

與媽媽之間，似乎比起其他兄姊妹間感情更綿密，其實這是有跡可循的。回憶起小時候大約六、七歲，因為感冒生病得了肺炎，是媽媽背著我到九份有名的「徐俊明內科診所」，又打針又吃藥才痊癒。疼惜我的媽媽為此還特地買了梨子給我吃，多汁鮮美的梨子咬一口，那帶有母親的慈愛與關懷，讓我一輩子都記住這個滋味。我的門牙邊植入了一顆金牙，在當時代表流行，在家境貧困的年代，母親肯捨得如此花費，實在讓我很感動。

懷念媽媽炒的鹹酥花生，保有傳統的古早味，是將生的花生加沙子在鐵鍋裡拌炒，在翻炒的過程中，陣陣的花生香飄來，讓人忍不住深呼吸幾口，當花生炒熟後，我們這群小幫手要趕緊拿竹篩來，讓媽媽透過竹篩將炒熟的花生與沙子分開，然後我們再手腳快速的在花生上撒些鹽水，讓花生更有味道，咬起來更順口，這就是媽媽拿手的「鹹酥花生」，也是我一輩子忘不了的味道。現在想來，當時若是將媽媽的炒花生手藝發揚光大，這一門古早味的生意，到風景區販賣，想必也能帶來可觀的收入。

不知道是否因為童年時代，家中困苦，沒能留下半張照片，長大後，歷經結婚、生子，直到在海外奮鬥拚事業，我養成了愛拍照的習慣，不僅自己拍，幫孩子家人拍，我那好幾櫥櫃的照片，讓媽媽笑說：「阿雄啊，你的相片可以『煮湯』囉！」媽媽用照片可以「煮湯」來形容，的確很生動，因為我收集整理的照片數量真的不計其數，或許真的像媽媽說的一樣，我用照片來煮湯——煮上一鍋鍋人生美味的湯頭，有喜、有樂、有苦、有悲，但那都是滋養我可貴人生的大補湯，這味湯頭，我可要好好地品嘗，當然也願意分享給身邊的每一位朋友。

受到母親篤信佛教的影響，從小我也接觸佛教，母親常帶我到七番坑金山寺祭拜觀世音菩薩。

▲ 與疼愛我的母親合照。

苦中有樂，人生真滋味

小時候，爸爸派我到瑞芳補菜時認識做醬菜的夫妻，因為當時家中開柑仔店（雜貨店），還可以賣一些醬菜，給礦工上工前當早餐的配菜，我請他們教我做麵筋，做麵筋的麵粉要選高筋麵粉，高筋麵粉比較貴，做麵筋好像做糕一樣，加水後揉、洗、搓，最後成為一糰麵糰，再將麵糰剪成小塊小塊去炸，就成了麵筋，就像現在市面上賣的罐裝麵筋一樣，口感佳，又Q又有韌性；麵腸的做法用捲的，將筷子捲上幾圈的麵糰，拿去油炸後，成為白色的麵腸，加上醬油與少許的糖，煮成麵腸，許多人都喜歡這一味古早味。

那時候礦工早上上工前，都會先到家裡的柑仔店買些醬菜，像是將大紅豆煮熟透後，再加些糖成了甜大紅豆，還有醃菜心，再加上我做的麵筋，另外還有媽媽的炒鹹酥花生。

後來我教大嫂學做麵筋，等她學會後，讓他們繼續經營柑仔店，至於我就另謀出路，跑去基隆批木屐，一雙一雙排列在架子上，顧客來了，就幫他們設計鞋面上的帶子，有平行的、有交叉的，還很有創意呢！

我的姑媽大我四歲，我們姑侄兩個窮光蛋會一起去市場撿人家不要的鯊魚骨、高麗菜葉回家燉湯，味道鮮美，營養十足。其實再窮困的生活，也有幸福的滋味，即使花少少的錢，甚至不花錢，都能感受生活中的快樂，所以快樂無需很多的金錢，只要知足、滿足，那就足夠了！

當礦工收工，趁人潮多時，我和姑媽去賣西瓜，兩個十多歲的大孩子，喊著：一塊西瓜三毛錢，有時候不小心將西瓜掉在地上了，兩人撿起來用手抹一抹就吃了起來，這就算是賺到了，也是滿不錯的，深刻體會到：生活即使再苦，其實苦中還是有樂。

窮人是一塊錢當十塊錢用，有錢人則揮金如土

那時住在我們家上面的里長伯，因為挖金礦致富，連里長的阿嬤都穿金戴銀，十足貴氣樣，他的大兒子跟我同年，大家都叫他「阿發」，常常從台北購置新行頭回九份，每次穿的都是白帥帥的白長褲，讓人眼睛為之一亮，還交了漂亮的女朋友，每每出手闊綽，一次二百元，在當時二百元是很大的數目，我後來到台北的第一份工作一個月薪水不過才八十塊。有錢人鞋子不嫌多，每次要丟棄換新時，總會轉贈給我，所以小時候我都穿他的二手鞋。

有錢人不嫌錢多，已經很富裕的里長伯兒子，竟然又中到愛國獎券二十萬元，真的是錦上添花，在我小小的心靈不禁吶喊著：「難道有錢人都一直這麼有錢嗎？那像我們這樣窮困的人呢？難道註定一輩子沒錢嗎？」

後來聽聞，阿發愛上了九份商店街餅店的童養媳阿花，阿花長得漂亮可愛，但是卻不願嫁阿發，因為阿發是有錢的花花公子，娶不到的他竟吃鹼自殺，還好被童外科的醫生給救回。後來阿花到延平北路永安布店當店員，雖然我當時是個窮光蛋，不過我知道她對我的印象很好，我在當兵時還寫信給她，信中寫著：「阿花，阿發很愛妳，他甚至還為妳自殺，請妳有空去看看他。」

阿花給我的回信寫著：「如果阿發將一塊錢當成十塊錢用，我就會嫁給他。」

意思是出身富裕的阿發花錢大方，不把錢當錢看，沒法體會窮困的辛苦。

出乎意料，最後阿花和阿發終究結成連理。我與阿發還有一段淵源，曾替他介紹工作到玩具店上班，但他竟在上班時間跑去打麻將，工作不保，只好靠老婆養他……

當時生活實在太艱苦了，和有錢的阿發相比，一個宛如在地獄，一個高高在天堂，不過，生活優渥的阿發後來家道中落，日子過得並不順遂，應驗了那句俗話「風水輪流轉」，老天爺是公平的。過去我雖然辛苦，現在所獲得的，可說是老天爺補償我的，我沒有抱怨、沒有怨嘆，每天想著如何工作賺錢，才會有成就的一天，更體會到唯有付出，才會嚐到甜美的果實。

我的人生苦在前半生，甜在後半生的此時，俗話說：「先苦後樂。」在我的這一生中得到了印證。

人要蓋棺才能定論，像我一個窮光蛋，靠著努力不輟的打拚，也可以翻身，也可以有所作為，現在的我認為，我過得比總統還要棒！就像聖嚴師父新年祝福語——「得心自在」一樣。

黃金夢：人生的希望與夢想

（本篇為林祥盛口述，蕭惠月文字整理。）

和大哥祥盛相差七歲的我，雖然也在九份長大，但十四歲那年即離開前往台北大都會討生活，對於童年的九份其實早已不復記憶，只好央請大哥談談童年往事，尤其那段地下工作——採礦人生，很值得挖寶，不只是實質的寶藏，更是人生歷程中酸甜苦辣珍貴的寶物。從小知悉礦工挖採辛苦，正因為如此，未曾做過一日礦工，希望藉由大哥親身經歷，談談他童年躲空襲及礦工的辛酸史。

躲空襲的童年，體驗無常人生

獨自坐在九份崙頂路改建過的老屋裡，思緒卻飄到四十多年前古老的九份，當時的老屋只是以稻草、黑色油紙板搭建的草屋，卻住了父母親加上七個小孩，真是難以想像一大家子九口，就這麼窩在這小小的草屋。雖然大環境如此，但我們還是這麼地活過來了，在那個生活刻苦的年代，能活著一天就是多撿到一天啊！

在當時物資缺乏的年代，要蓋房子根本沒有建材，父親用稻草、油紙板搭蓋成一個遮風避雨的家，如今回想起來，過去的人出生在刻苦的時代，想要活下去，全靠自己的一雙手打拚，若與現代的人相比，那肯定是比不上！遇到好世代，什麼都方便，哪像過去沒電、沒水，在九份連喝一口水，都得靠貢寮來的水源，千百條的水管接連到九份山下，再用幫浦抽水，才能將水源抽到山上。

民國二十四年出生的我，當時是昭和十年，幼時的記憶早已模糊不清，但十來歲之後的印象卻深刻鮮明，受日本統治的時代，小學稱為「公學校」，當時的我讀的是九份公學校，公學校的學生要八歲才能入學，在九份公學校二年級時，學了加減乘除，我的一些基本算術基礎，可說在那時打下的根基。念書時常常躲空襲，再加上太平洋戰爭爆發後，教室都借給日本部隊使用，小學還沒念完，我也在十三、十四歲的稚齡投入礦坑工作，開始過著挖石砂、洗金沙的採礦人生。

踩入礦業人生，體驗生死一線間

當年的九份以金礦著名，手字形的道路，是它的特色，在九份沒有什麼農作物可種植，唯有開採金礦、煤礦成為當時最搶手的行業，我也追隨父親的腳步，一腳跨入採礦人生。

從阿公早年於雙溪牡丹坑來到九份，阿公是以蓋石頭厝謀生，當年家家戶戶廚房用的「灶」，用來燒煤球、燒柴火煮飯，這個石頭灶就是阿公拿手的專業。

一般說來，金礦較安全，因為它不用瓦斯。但是開採煤礦，礦坑內必須用到瓦斯，可說是險象環生，每天在生死一線間工作，進去了坑洞，不知能不能活著出來，那種「見不到明天的太陽」的失落心情，會讓一個人快速變蒼老，但卻也更珍惜當下的分分秒秒。

進入坑道內的裝備必須戴安全帽、備用電池，否則裡頭漆黑一片，伸手不見五指，如何採礦呢。礦道內分兩種工作，一種為採礦、一為掘進。採礦是挖煤，掘進則是往下挖通道，大的礦場一次可容納五百人進入，九份礦產屬無煙煤，並無大礦場中常見柴炭（木炭）與石炭。

挖礦是一種希望，打造黃金的美夢

礦業是一個黃金夢、一個希望，沒有固定的收入，只足夠吃穿，卻無法存下錢。沒有農地的九份，卻得天獨厚擁有礦業，當金礦挖完、就挖煤炭，只為了生存、只為了活下去，什麼都得做。

當年自己攢夠了錢就投資挖礦，因為自己當老闆，沒有工錢可領，只能祈禱下礦場就能挖到金礦、煤礦，若是空手而歸，那就白忙一場，然而還是得揮去汗水、收拾好心情，明天又得重新開始。

台灣在煤礦全盛時期有五百多處礦產，九份的礦產公司——台陽公司（董事長顏欽賢），最後也在民國六十年結束營業，走入歷史，當時台陽公司提供礦坑炸藥、設備，給我們這群小包商老闆。如今這家大公司收掉了，我們底下的中包商、小包商難以再生存下去，只得收拾包袱回家吃自己。

一直到三十八歲那年，我才決定放棄採礦，走過九份礦產的黃金時期，接下來面臨的是礦業的蕭條與沉寂。

台陽公司的前身是清朝末年的韓豐測得的十三處金礦，當時清廷尚無能力開採，技術也不夠先進，只好委請日本人「藤田組」開採，最後卻輾轉落入顏家，百年的九份礦業在走過繁華，於此正式走入歷史。

金脈的走向為南北向，九份土質為黏土質，得天獨厚的地理特色，造就它風光一時的黃金歲月。許許多多的金礦，漂洋過海隨著船隻運送回日本，當黃金夢醒時，眾人又得為求生存，另謀出路。

在火力發電時期，煤礦佔有極其重要的地位，一旦礦業沒落了，大夥兒為了討生活，不得不想方設法找尋出路。

早期的台灣人生活困苦，但身處困苦的環境卻造就打拚的能力，眼前的台灣人要跟得上時代，真的沒法度。好的時代要造就出有才能的人，機會顯得渺茫了。當資源耗盡，又要重回台灣早期物資缺乏的年代。回想過去沒電、沒水年代，曾經我們也是咬緊牙根一路走來。

從當年全盛時期一、二萬的淘金人，如今只剩一千多人，在瑞芳區的山城九份，見證黃金的璀璨歷史。現在黃金已經沒有了，但這段歷史依然存在。

走過採礦黃金時，強迫中獎的「肺塵病」

昇平戲院（在我看來是取自「四海昇平」，當年來自九份挖金者皆來自四海各地）是第一家開在九份，更是全台第一家戲院，見證九份的礦業繁華景象，礦業開採猶如中彩券，挖到礦脈就夠吃一輩子。因此，從各地來到九份挖礦的工人，一旦荷包賺飽，夜裡酒家酒店，燈紅酒綠的夜生活，填滿挖礦者思鄉的寂寞與空虛。

礦工採礦前，必須先用炸藥炸毀礦坑，採礦工人再進入淘金，工作久了就吸多了炸藥煙與沙，才會得肺塵病，如此惡劣的環境，這群淘金的礦工為了討生活過日子，簡直是用命換來的。只要從事採礦十年以上的礦工，莫不染上肺塵病。從此遺害終生，當時強迫中獎的礦工得到「肺塵病」，最後難逃死亡一途。

回想起父親得到肺塵病時，來台北仁愛醫院診治，當時懂些中藥的父親自己說除非換個豬肺，不然也是沒辦法醫治的。也就是現今的肺癆病。科學的進步，藉由藥物控制病情，回想起當時挖掘金礦、煤碳的喜悅，而今卻得承受病痛之苦，這就是每個礦工揮之不去的後遺症。

今天我們腳踩的九份老街，底下都是交錯的礦產坑道，人潮熱鬧的老街，地下的世界隨著坑道的封鎖，已成為黑暗而安靜、卻深藏著許多不為人知的祕密與辛酸的過往。

難以想像當年一個十三、十四歲的少年，為了掙口飯吃，不得不委身進入漆黑的礦坑挖煤、淘金，小男孩的心中拼湊出一個黃金夢，那是對人生的希望、對未來的夢想，雖然最終希望落空、夢想未實現，然而走過體驗生死一瞬間的採礦人生，讓我更坦然豁達的面對人間事。

人生無法重來，睿智的長者，從開採礦業中體會人世間的無常，娓娓道來的挖礦人生，那是對生命的觀照，與對自我的覺察。我的大哥祥盛猶如一本書，一本寫著智慧、開闊的大書，在二〇一一年六月的九份細說他精彩的童年往事與採礦人生……

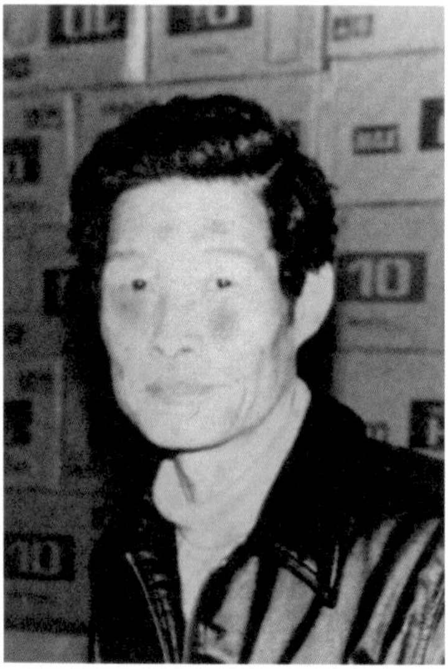

▲ 在九份擔任礦工的大哥林祥盛。

二、築夢的起點，台北

一個人知道自己往哪裡去，全世界都會為他讓路。

離鄉背井，為生命找一條出路

因為家境困頓，只要爸爸沒有淘到金，沒有換到錢，我們一家九口就要餓肚子了。許多同學跟我一樣，還未念完小學，就開始找工作，準備賺錢養家、養自己。要找工作的人都到台北介紹所（當年後火車站的太原路上，有一處專為南部、北部人介紹工作的介紹所），後來介紹到一家孔雀被服廠工作。

記憶最深刻的是，貧窮的孩子多半都用大包袱巾，包裹幾件換洗的衣服來到台北當學徒學一技之長。介紹所人員帶著我和同學兩人一起到民生西路三六五號的「孔雀被服廠」，員工約有三十名，像我這般年紀的孩子大約五人。

被服廠的許春生老闆面惡心善，外表看起來兇兇的，他說：「這個工作很辛苦喔！每天早上六點起來，晚上十一點休息，你們要不要做啊？」

什麼?! 一天要工作十七個小時，我的同學一聽，當場嚇傻了，馬上打退堂鼓，揮揮手，連說不做了！

當時我真的很想趕快賺錢，於是對許老闆說：「老闆，沒有關係，我不怕辛苦，我決定留下來，我會好好工作。」

身為縫扣子學徒，但希望學習做生意

就這樣，我成了每天六到二十三（從早上六點工作到晚上十一點）的被服廠學徒，許老闆說的沒錯，每天天一亮、一睜開眼就是工作再工作，辛苦不在話下。

那時候流行卡其服，被服廠做的就是軍人、學生的卡其制服，廠裡約有二十四台縫衣機，二十多位女工先將布匹裁剪後，再以縫衣機縫製成軍服或制服，最後許老闆要我負責用機械縫扣子，以機器代勞，快速又便利，每一件軍服均須經過我的手，讓機器縫下扣子，若是沒有扣子無法出廠販售，雖然縫扣子的工作很重要，但我卻覺得沒有技術可言，更沒有前途，但為了賺錢，我還是勉強自己暫時留下來工作。

但是每天辛苦工作，越想卻越不甘心，自己來台北的目的是要學做生意，多賺一些錢，幫助家計，而不是做工，因為做生意才有前途啊！當時十多歲小小年紀的我，早有這樣的想法，只好鼓起勇氣去找老闆談。

老闆得知我的想法後，告訴我，「阿雄，你先做到過年，過完年後，我再來安排！」老闆雖然給我這樣的承諾，但是小小年紀的我卻等不及，得不到自己想要的業務工作，索性包袱收一收，還等不到過年，我又回到九份了！

謀差事不成，失望落寞地回到九份家，大哥以為我吃不了苦，勸說：「再苦也要忍耐，千萬不要像我一樣從事礦工之路，將來才有前途。」因為大哥的這句話激勵到我，心中暗自下定決心，不成功絕不回來，直到死也不回來，而且絕不做淘金人。

第二天，接到老闆來信，當時沒有限時信，只有用燒信角的方式代表緊急信件，老闆在信中寫著－「這一齣戲，你是小生，你不回來我就演不下去，衣服來不及出口，沒有縫上扣子的卡其服都堆在倉庫裡！」還要求我做到過年，多發獎金給我，再讓我去找其他的工作，回想許老闆真的對我很好，尤其老闆娘更疼愛我，每回她要帶孩子到中和圓通寺郊遊拜拜，還帶我同行，幫她照顧孩子，那一天，我就可以休息不必上工了！

讀完老闆的信，又想起他們夫妻倆對我的照顧，讓我再次收拾包袱，離開家鄉九份，回到被服廠繼續工作。

山上古意孩子，讓老闆讚賞不已

在被服廠工作，吃住都在廠內，睡覺時就睡在裁布的地方，很克難，但是出外討生活的孩子，有得住、有得吃就阿彌陀佛了！尤其每回吃飯的時候，我這個古意老實的九份山上的孩子，只要看到老闆的臉兇兇的，手就不敢伸太長，只敢夾前方的菜，但是另一位來自高雄的阿祥就不同囉！他的眼睛圓滾滾的「骨碌骨碌」轉個不停，機靈滑溜，吃飯時總將手伸得長長的，夾自己愛吃的菜。

老闆一見狀開口就說：「一樣都是孩子，阿雄，你真古意，夾菜只敢夾自己前面的菜，不像阿祥手伸那麼長，不知分寸。」

其實這是家教問題，父母教得好，我們懂分寸、守規矩，不只在學校老師疼惜，就連出社會後，老闆、老闆娘也對我照顧有加。

在孔雀被服廠有位女工阿雪，跟我相當聊得來，六十多年來，我們還保持聯絡，阿雪現住在陽明山下的別墅，過去經常到九份來找我，有一回我爸爸還殺兔子請她們吃。阿雪高中畢業，因為父親生意失敗，才來做女工，手巧又勤快，其他人一天縫十五件褲子，阿雪卻可以做到二十多件，若是一天多七件，一個月就多二百一十件，難怪深得老闆的喜愛，換作我是老闆我也會選這種手腳俐落的員工。

後來，老闆終於幫我調整工作，他派我當業務員，但是要騎腳踏車送貨，我一聽，心想：九份都是山和階梯，我從來沒有騎過腳踏車，這下可慘囉！但為了能達成做業務員的夢想，我告訴老闆，「我可以！」我的好勝與好強，讓我一步步地邁向業務員之路。

做業務的第一份工作就是要送貨，從民生西路送貨到中華商場，當時根本不會騎腳踏車的我，一抓起龍頭、踩起踏板搖搖晃晃的，咬緊牙根、硬著頭皮騎腳踏車送貨，最後還不小心撞到指揮交通的警察，真是背啊！

在孔雀被服廠工作的這兩年，每到月初阿姨就來拿錢，當時每個月只賺八十元，阿姨拿走六十元，她說是爸爸欠他的，而我自己只剩下二十元，以當時的物價二十元相當於現在的二千元。幸好吃住都是在被服廠內，不用什麼花費，偶而買雙襪子，只能買一塊錢、三塊錢的便宜貨，穿沒幾天就破洞了，相較於老闆娘買的襪子都是高級的舶來品，一雙要價二十八元。

因此也激勵自己，將來要賺更多的錢，多花點錢買品質好的物品，同時早點還清父親的負債，其實父親之所以有債務，是因為以淘金維生的他，若淘不到金，便無法養家，只好向阿姨借錢養活我們一家大小，我還記得當時開柑仔店的進貨的錢，也是先向阿姨借的。

能吃苦的孩子，連老天爺也疼惜

前幾天，與友人相約延平北路聚餐，路過民生西路，一眼瞥見當年的那個「三六五號」的門牌號碼，如今雖已改為中藥行，隔壁波麗路咖啡店依舊營業，然而思緒宛如輕煙般飄到五十多年前，所有的點點滴滴回憶，讓我心中充滿無限的感動。

孔雀被服廠在當年可說是數一數二的大廠，由於許老闆經營有方、管理得當，從我當時一進廠八台電動機檯，增加到十二台，後來又增加到二十四台，還真的賺了不少錢。

在延平北路上的太平國小，還記得當時許老闆的大兒子跟我同年，中午還要替他送便當到就讀的太平國小，同樣都是十三歲，但是他是要人送便當的小少爺，我卻是負責送便當的小學徒，我沒有埋怨、沒有忌妒，只有選擇接受現況，因為我是山上窮苦人家的孩子，每天要辛苦工作十七個小時，而許少爺是被服廠的老闆的兒子，可以安穩無憂的念書，還有人專門為他送便當。

後來輾轉聽聞，這位許少爺過得並不如意，富家庭出身的小孩，因為吃不了苦，最後不得志居多。我想老天爺是公平的，祂公平地對待每一個人，讓每一個人的人生有苦、有樂，有歡笑和淚水。

像我最小的妹妹受到老師的幫忙，一路念到師範大學，而我雖然沒有貴人的幫助，沒有人教導我，我還是在人生的道路上努力而行，為的是可以出人頭地。

創造全台灣第一支發光燈籠

在被服廠當業務送貨，自覺所學不多，又離開被服廠，再透過介紹所介紹到後火車站「德榮玩具店」賣塑膠燈籠，當時玩具店只賣塑膠燈籠，燈籠是晚上才用得上，當然要點上燈泡，才會發光囉！於是我靈機一動，在塑膠燈籠裏頭裝上小燈泡，就這樣全台第一個會發光發亮的燈籠，出自我這個十六歲的少年郎的創意與巧思，老闆更是看好。

民國四十四年左右，和老闆的妹妹（我稱她為阿姑）聯手賣掛有燈泡的燈籠，買氣旺到不行，每當雙十節、光復節等慶典來買的客人更多，連對面一東玩具店老闆都不由得搖搖頭說：「對面這家德榮玩具店，小小一間，怎麼這麼厲害呀！客人這麼多，燈籠賣的嚇嚇叫啊！」

雖然我們的店面只有對面商家的一半，但生意卻比他們好上好幾倍呢！此外，連當時最夯的諸葛四郎尪阿標我們也賣，因此常常幫老闆賺錢，老闆稱讚我有創意的頭腦，又能衝又有膽識。

玩具店老闆經營兩家店，一家本店在太原路，靠近遠東戲院（當時播放外國電影居多，像是孤兒淚），另一家分店在華陰街，我和老闆的阿嬤和妹妹三個人看管這家分店。十六歲的我因為點子多，替老闆賺了不少錢，老闆甚至還發紅包給我，要我再

▲ 在德榮玩具店工作時，到台中公園商展的展場介紹玩具。（左邊第三位為林春雄）

動動腦筋，多想一些idea，創意一些新玩具。

那時，為了推展業務，老闆還派我到台中公園商展的展覽場介紹玩具，當時每家公司都推派最漂亮的職員擔任商展小姐，像是賣雨傘的公司派出「雨傘小姐」，身披紅色彩帶招攬客人，記憶中還有賣香皂的「瑪莉小姐」等。

過去的塑膠玩具都是硬硬的，後來改成軟塑膠，軟塑膠玩具較受大家喜歡，因為老闆還有許多硬塑膠的存貨，我用一箱二十元的價錢全部買下，這些玩具存貨外觀舊舊髒髒的，我一個一個擦拭過，賦於它們新生命。另外當時有一種透明塑膠軟管中裝有果汁，我也請母親幫忙裝入柳橙汁，再研究設計成一串串的果汁條。只要是我看過的東西，都會學起來，再動動腦筋，在腦中有概念後，自己再動手做，通常都能做得維妙維肖。後來將這些玩具帶到基隆夜市販賣，卻遇到警察，因為我違規擺攤，警察將這些玩具一股腦地全踢到海裡去了。

當時遇到挫折的我，小小的年紀，只是一味懊惱不已，如今回想起來，又讀到師父的《大智慧過生活》書中寫著，人生的過程之中，如果沒有挫折，那就顯不出

▲ 民國四十九年，二十歲那年，借住二哥台南朋友家，等待搭船到澎湖，代替家人去娶二嫂。我存的銅板全花光，心疼不已。

人生的瑰麗來。

的確如此，人生從顛頗困頓，挫折失敗中走過來的人，才真的是最堅強的。

我目前七十多歲的年紀，一路走來，經歷過數不清的挫折，這不也是灌溉我成長茁壯的養分，讓我能有今天的小小成就。

回想以前到台北謀生，每個月還要還債務，當時媽媽與大姊要來台北杭州南路一五二巷十二號幫阿姨補作月子還債務（當時阿姨特地跟台北友人周轉再轉借給我們），家中的債務，就靠著經年累月省吃儉用、克勤克儉，一點一滴努力賺錢還債。加上我有一段時間失業，沒收入，負債也還不了，於是到姨丈的煤球工廠打工，幫姨丈拿煤球到屋外曬太陽，經常弄得全身髒兮兮的。姨丈看我工作賣力認真，為了獎勵我，收工後讓我都換上乾淨的衣服，到萬華一起找他的朋友阿葉聊天，阿葉是過去姨丈在牡丹坑的老友。

那時，我不過還是個十六歲的孩子，聽他們大人談論起到日本做生意或觀光，當時的我，成天還在為三餐煩惱，對於日本的歷史文化，一點也不瞭解。當時我以為兩岸開通後，因為比較熟悉中國的歷史與地理，也因相同的文化背景，做起生意來，成功的機會比較大吧！十六歲的我曾經這麼想過，但怎麼也沒料到，多年後，我卻到日本做生意，一個當初想也沒想過要去的地方。而且後來還在美國、加拿大經商。所以說，人生真的很難定論，小時候苦，不會苦一輩子；小時候優渥，也不會優渥一輩子，總之，做人要全力以赴，做事要賣力去做，才會有所成就。

人生所有經歷過的事，對自己來說，都是一頁頁豐富自己生命故事的劇本，有苦有樂有喜有悲，這才是真人生啊！

三、創業的艱辛路途

創業道路雖崎嶇坎坷，但烏雲過去，總會遇見彩虹。

賣貨底的小弟，終有出頭的一天

二十四歲退伍後，我在基隆跑港貨，當時有一家委託行，老闆娘見我剛退伍，連打領帶都歪歪斜斜的拙樣，加上手邊沒什麼本錢買貨，於是將賣不出的貨底通通賣給我，要我去兜售。老實說，這些貨底全是瑕疵品，有的雖然是日本貨但口袋卻縫死了，有的則是釦子掉了，沒有一件是完好無缺的優良品，老闆娘見我一副老實模樣，不擔心我落跑，統統將貨底交給我去賣。

帶著這一批貨底跑到台北市的西門町兜售，那時候西門町全聚集了賣舶來品的商家，只見那些大老闆一來將支票一開，全部將最高級的貨色買走了。

心虛的我，總是等其他商家賣完高級品之後，才敢將瑕疵的貨底拿出來叫賣，面對這樣不平等的待遇，我沒有放棄，我沒有退縮，我還是咬緊牙根賣完那些貨，我是這樣一步一腳印開始我的舶來品販售生涯。

當時非常流行棉襖，就在此時有人拿了棉襖來寄賣，於是我各買了一件十二號、八號、六號尺寸的棉襖，拆開來自己買了水呢布（絲絨），每件再以五元的價碼請老人家車縫，那時也請母親來幫忙釘鈕子。（唉！心中其實悲涼不忍心，讓母親太辛苦了）民國五十二年台灣還沒有百貨公司，當時在敦化北路體育館（也就是現在的台北小巨蛋附近）辦商展，入門票是二十元，於是我進去購買了棉襖。就在這樣的因緣際會下，我開始賣起了家鄉的棉襖（是設計給小孩穿的棉襖，避免小孩夜晚踢被而著涼）。

後來我在羅斯福路承租店面，開始賣舶來品，也批了些當時流行的百褶裙，頭戴著一頂白帽子，一只箱子，吹著口哨，騎著腳踏車在鄉下、城裡到處叫賣。當時林春江小姐嫁到台北，她的小姑在台大精神科當護士，幫了我許多忙，我的衣服在台大醫院賣的嚇嚇叫，有一位高醫師的嫁妝都是跟我買的，也讓我印象深刻。當時台北市市長高玉樹先生在峨嵋街成立一家兒童戲院，我總等到售票員賣完票，才趕緊讓售票小姐看我賣的衣服。但是有時候卻會沒有生意，又得想想什麼時候才能走出一條活路呢？才能出頭天！

後期，販售舶來品的重心轉移陣地來到大龍峒，在那裏我認識了一位玉鳳姐，當時她住在日本宿舍，先生在電信局上班，有個讀高中的兒子。玉鳳姐人緣很好、人面很廣，她就像大姊姊一樣的照顧我。每回我去賣東西，將所有商品一字排開在她家的客廳，她還熱心地吆喝左鄰右舍的診所醫生及醫生娘來買貨。我記得她都是這麼喊的，「蔡醫師快到我家來，小弟林先生從基隆拿最新款的衣服來囉！快來買喔！」

這些鄰居們都很捧場，全都跑來玉鳳姐家「搞觀」（國語：捧場購買），中午時分，衣服賣得差不多時，玉鳳姐總留我下來吃午飯，老實說，我還真是不好意思，但是盛情難卻，最後多送一件衣服給她，感謝她的熱心與熱情。

在那段時間，我一個月總會往大龍峒跑個二趟，每回都將委託行的貨底賣完，當時，基隆的孝二路和公園頂，都是水貨的集中地與大本營，吸引許多南部與台北人到此地購物，類似現在高雄的崛江，熱鬧又繁華。

雖然貨底以瑕疵品居多，但一般人一聽到日貨，全都圍了過來，只要是日本貨，不管三七二十一買了再說。照理說，我將老闆娘賣不出去的貨底全賣光了，她應該要感謝我才對，但是那位老闆娘卻不領情，因為後來我發覺單賣貨底沒什麼利潤，於是用手邊存下的一點錢，去向其他家委託行調一些新貨，和貨底一起賣，才會吸引人潮。原本想用這樣的方式吸引客人、多賺些錢，沒想到那位賣貨底給我的老闆娘，卻抓著我大聲嚷嚷，「林春雄，你欠我錢，還不趕快還來！」其實我只不過將賣貨底的錢，拿少部分去採購新貨罷了！被她這麼一說，當時年輕的我，滿臉通紅，無言反駁。心想：人性怎麼如此？

一樣米養百樣人，身邊有像大龍峒玉鳳姐幫助我的貴人，不計成本的付出，稱讚我乖巧懂事，但也有像賣底貨給我的那位老闆娘，當眾給我難堪、絲毫不留情面。如今回想起來，不論鼓勵我的、打擊我的，年輕的我全然接受，或許這就是滋養我、壯大我，讓我今日有一點小小的成就。我不禁要說，一個賣貨底的小弟，終於有出頭天的時候。

正所謂，商場如戰場，真金不怕火煉。多年後，投入法鼓山修行的行列，看到一隻白頭翁，生氣地以鳥嘴猛啄、腳踢翅拍，看來怒不可遏，那種非得拚個你死我活的樣子。原來這隻白頭翁對著車窗反射出來的自我身影，奮力攻擊，對自己何恨之有，真是愚不可及。我們人活在世間諸多爭名奪利、相互殘害、忌妒心貪嗔痴慢，在悟者的旁觀眼裡不是也是如此嗎？偈云：蠅愛逐光紙上鑽，不能穿透幾多難，猛然撞得來時路，始信平生被眼瞞。

在當時年輕氣盛的自己，全然接受一切，算是有智慧啊！

那時在玉鳳姐家對面，有一位與我同梯次當兵的阿明，在那裏開了一家雜貨店，阿明年輕貪玩又花心，喝酒抽菸樣樣來，玉鳳姐告訴我，「阿雄，你古意又打拚，將來一定比阿明成功！」

這位愛玩的同袍，菸酒無節制，不到四十歲年紀就因身體病症惡化而走了！不愛惜身體、不努力工作的人，看來老天爺也不會眷顧他。

因為有玉鳳姐的鼓勵，我比平常更認真賣貨，但是沒過幾年，才不過四十多歲的她竟死於肺癌。身邊的貴人很多，因為當時有她們的幫助，才有今日的我。不是只有錢才能結交朋友，有錢結交的朋友，多半是酒肉朋友，真正的朋友會為你全心全意的付出，讓你感受到誠意與珍惜。

任職土地銀行經理的表姊夫曾說過，「阿雄，如果我是你的話，早就受不了這樣的人生，老早就不在這世上。」他見我一生打擊無數，卻勇敢面對，換作是別人，恐怕早活不下去了！人的韌性，在我看來可以延伸到無窮盡，只要有強烈的信念，不退縮，堅持下去，高山也可以夷為平地啊！

大難不死，必有後福

二十九歲那年，我還是為前途努力打拚，有一天去基隆買舶來品衣服等車要回台北，當時的計程車是叫客式的，每人五十元從孝二路到台北，一路叫客四人滿載，走麥帥公路，當時司機喝了酒，我坐在司機旁邊，後排三個人，一位是國賓飯店的廚師，一位是做西服的師傅，一位是大學生，我們和對面車道的海軍卡車相撞，結果撞翻了車，連車帶人全滾到山崖下。

當時心裡想著：我完了！之後便暈了過去，醒來時，自己還忍著傷痛爬上來，只見一群人圍觀，但就是沒人敢救我們，直到救護車來，一看大家都傻了，一車的人只有我還能開口說話。撞車事件成為當時的社會新聞，連記者也來採訪，還問我是哪裡人？當我虛弱地擠出「台北」兩個字之後，又因傷痛昏厥過去，聽說司機先生的鼻樑斷了、廚師的頭破了、大學生的血管斷了。後來那位做西服的乘客在醫院療傷還交了護士女友，真是因禍得福啊！

當時電視還特別播出，說坐在司機旁邊二十九歲的林春雄傷得最重，這一則新聞讓一些親朋好友都來醫院看我，我雖然傷得最重，卻好的最快，真該感謝懂得中醫的父親，他用民間草藥、藥頭為我療傷。父親熟悉祖傳祕方、民間療法和藥草，那時，年紀輕輕的我實在沒興趣，也沒空學，現在想來，真是後悔。記得我當兵時，有一回在方便時，無意間撞見看不見的靈魂，後來整個人變得不對勁，還跑到台大醫院看精神科，醫生要我數手指頭，從一數到十，就連最基本的算術能力都失去了，在醫生也束手無策的情況下，父親使用法術幫我醫治好，真是不可思議。

撿回一條命的我，想著艱辛的恢復過程，一定要好好使用這個身體，做出一番大作為。這一路走來，我也謹信著那一句老話「大難不死，必有後福」，在四十五年後的今天，我活得比過去健康、快樂，更是有福報！

▲ 大難不死，開心過30歲生日，當時住在違章建築小屋子。

四、我的情、我的愛，我的真心和真意

我以誠摯的目光與妳對望，尋覓隔世的地老天荒。

婚姻花園且珍惜，別讓愛情成悲劇

自己當老闆賣了一陣子玩具之後，趁著等當兵的空檔，到中華路華都服裝行學燙衣服，三十多歲的沈光輝老闆，父親開銀樓，家境富裕，卻對服裝有興趣，當時的白襯衫都是訂做的，他有自己的工廠，還請了好幾個男女店員，沈老闆問我會不會燙衣服？我當然不會，但因為我非常需要這份工作，我只好說會，因為學了就會了嘛！為了謀生只好硬著頭皮去做，我也曾經把衣服燙焦了，只好買回家給妹妹做衣服，也因為如此，我下定決心學習，後來我的衣服燙的好極了。

在華都服裝行學到燙衣服的技巧，整批的新衣服剛車好，先從領子燙起，用專業的燙衣機燙衣服，讓領子燙成立體的三角形，燙衣服不僅是一門專業，更是一門技術，它讓新衣服更筆挺，讓人穿起來更神采奕奕。

沈老闆長得帥，人又瀟灑，還曾經自己當男主角為服裝店拍攝廣告，還未當兵的我，看著上流社會生活的沈老闆，所交往的對象都是名門或生意人，打扮得體的老闆娘每次總陪著老闆出去應酬，真是郎才女貌。

瀟灑的沈老闆，也是風流倜儻，後來又喜歡上服裝行的女店員，當時他還寫信給這位女店員，信中寫著：我有一座「花園」，但是缺少一個人來管理。

這信中的「花園」比喻的是男女之間的關係，老闆和那位女店員戀情發展快速，即使我知道內情，我也不可能去向老闆娘告狀，但紙終究是包不住火，地下戀情曝光了，老闆娘最終終於知道了。

那時，雙方吵的不可開交，沒多久，我就當兵去了。從小，我看過許許多多的男女關係，尤其是單身女子介入他人的家庭，當了小三，到最後都是愛情大悲劇。因此我也引以為誡，只要結了婚，就全心全意地愛太太，讓婚姻長長久久。

離開多年後的某日，遇見沈老闆的兒子，他說：「我老爸非常想念你啊！」我一聽，內心莫名感動，能讓一位老人家想念，心中充滿著濃濃的幸福感，也不得不感嘆，人與人之間相聚就是一種緣分，有一天，各分東西，還會讓人想念對方種種的好。

甜甘蜜意初戀滋味，一段未了情

在金瓜石黃金博物館，觀看礦工挖礦的影片，讓我想起在一甲子之前，我與A小姐那段純純的戀愛，當時我們就在現今這個地方看電影。她長相清秀，很討人喜歡。

十二歲時，我甜甜的初戀就從與她交往開始，那時我白天賣菜，晚上去看播放給礦工看的電影，在金瓜石夜總會（墳場）下方的空地，一場一塊錢，我約她去，片名是「桃花江」，女主角是鍾情，男主角金峰，戲中男主角戀情節外生枝，看完電影經過夜總會，小女生總是會怕怕的，這時候，我就可以名正言順的牽牽她的小手了，她卻嬌羞地說：「你們男人都這樣。」她的這句話觸動我的心，話雖這麼說，但心裡初戀的滋味還真不錯。

原以為我倆會有結果，但是二年後，我離開九份到台北打拚，就少與她有聯繫。後來，又輾轉聽聞她的母親在後車站一帶，在茶室工作。因來往人員複雜，我也很擔心她像她母親一樣。長大後，我們偶爾還有聯絡，記得當兵前，我還去萬華找她，那時她在學裁縫，這女孩很溫馴、乖乖的，因為父親早逝，還要照顧弟弟們，我是真的非常喜歡她，還教她騎腳踏車，那時我的腳踏車已經騎得非常上手了！有一回，我和她到公園散步，為了不想再帶個小電燈泡——她的弟弟，只好將他託給當時在衡陽路老大昌麵包店工作的表妹幫忙照顧。

當兵前夕的某一天，她約我見面，那時的她彷彿變了一個人，穿著時髦，露出事業線，害我差點都認不得她了。她為了我入伍還辦了一桌豐盛的宴席，只是這一桌的菜餚雖然是山珍海味，然而我們彼此都食不知味，感覺她不只是為我當兵餞行，還帶有要離開我的意味。

果真當完兵回來，四處找不到她。但皇天不負苦心人，最終讓我找到了，原來她真的像我擔心的一樣，步入她母親的後塵，當時年輕的我，驕傲率直，看著原本清秀的她濃妝豔抹，失去了昔日的純真，真搞不懂她為何要走上這條不歸路，我真的無法原諒自己心愛的人，在那複雜的場所上班。在最後一次見面時，我與她肩並肩沿著延平北路走到中興大橋，長長的一條路，在冷冷的空氣中，兩人默默不語、無言以對，對於她的選擇，當時的我實在難以理解，更是難以認同與包容。

倘若當時年輕氣盛的我，能多站在她的立場想想，一個柔弱女子沒有人可依靠，只有跟著母親討生活，養活弟弟妹妹，想來柔順可人的她也是萬般不願意啊！

不久，聽聞有位住在基隆開洗衣店的老闆娶了她，我真是後悔極了！為何當時沒有對她伸出同情的手，拉她一把，只一味在意她的工作讓人不堪，歸究到底，這全是自己心態問題，太過驕傲、太自以為是，若是我當時選擇原諒她，或許我的婚姻會不一樣。

牛糞姻緣一線牽，丈母娘選好女婿

入伍當兵讓我從男孩轉變為男人，在部隊的時候，雖然我書念得不多，但是當兵時，班長卻常分派工作給我，不論是計算或是抄寫，我在想，人的光芒有時真的隱藏不住。

在我看來讀書要懂得活用，否則讀死書不知活用，那真的沒什麼作用。在部隊中會以紅、黑扣子來做為評分的標準，紅扣子代表表現好加分，每個月統計下來，我的紅扣子總是部隊裡數目最多的。

▲二十歲當兵的英姿，在新竹關東橋八一師砲兵。國小沒畢業，卻能在軍中替同袍寫信。

有段時間，我們一班七人連班長八個人，在觀音山中坑八里河及淡水河守防，派去住在鄉長家四合院左邊的長廊，我們必須幫忙打掃，庭院裡有牛糞槽，我一個不小心，一腳踏進了水槽越陷越深，大聲求救要同伴拉我起來，他們還以為我在開玩笑，等到他們發現事態嚴重，我真的陷在牛糞槽裡動彈不得時，他們硬是捏著鼻子拉起滿身臭牛糞的我起來，但臭氣沖天的我，任我怎麼洗都洗不掉身上的臭味。

出了糗，又惹了一身牛糞的我告

◀左下為作者林春雄。右為胡隆一，後成為建築商。中為許武雄，在金山從事捕魚業。

訴班長想要更換地方，後來換到了蘆洲成子寮觀音山中坑的黃家，黃家種植竹筍為生，觀音山的竹筍很有名，每年盛產的竹筍，為他們帶來固定的收入，所以家境還算不錯。不像我的父親採金礦維生，若是沒挖到，全家就要喝西北風了！黃家的黃小姐當時在延平北路國泰戲院旁的舊房子做胸罩，在當時台北很有名的第一劇場旁邊。黃媽媽向黃小姐介紹我說，「阿雄是從台北來的，不是南部的阿兵哥喔！」她聽對我有好感，後來情愫漸生，最後成為我的妻子。

當兵回來後，黃小姐還到基隆來幫我賣玩具，她是家中的大女兒，上面還有二個哥哥，一個弟弟、三個妹妹，跟我們家一樣有七個兄弟姊妹。問我有多喜歡黃小姐，倒不如說是丈母娘比較喜歡我，丈母娘對我說：「我這個女兒脾氣不算太好！」我安慰她，「脾氣不好沒關係，有笑臉就好了！而且壞脾氣可以改。」丈母娘專挑女兒的缺點說，在我看來，那是媽媽對女兒的不放心，同時也似乎要我多包容她。

▲ 退伍後，與同袍騎車去日月潭。中間為林春雄。

婚姻是人世間的修煉

我和黃小姐在交往期間，當時年輕的我，看到一個女孩子家這麼熱情，又強勢，也就接受了她，我想這就是「無明」吧！

無明為生死的根本，從無始以來就有，不是上帝給的，也不是因自己做了什麼壞事。名色到有屬現在世，最後的生和老死屬於未來世，老死之後又再生，生一定又從無明、行、識，流轉不已。眾生一開始就是眾生，唯其本質可以成佛。如金礦裡的金子，本來是夾雜在礦石當中，只要將石頭洗鍊、金子就會顯現，無明如礦中之石，固有無明就不是佛，而是煩惱的眾生，何謂煩惱呢？煩惱就是貪欲、瞋恚，所謂「為愛成母、無明成父」，正是這個道理，多年後，我在婚姻的修行道上開悟，體悟到過去的種種都是為來人世間的修煉。

千里姻緣那一條線，就將我與黃小姐繫在一起了，一年後我跟黃小姐結婚了，在天水路一家大型的餐廳宴客，辦了八桌酒席，朋友送的禮金剛好夠付宴客的錢，親戚從九份趕來付了禮金，還不敢坐下來吃，深怕結不了帳，看看有多體貼我。

婚後，阿姨介紹我搬到建國北路，租了住家和店面，大女兒敏惠剛出生，房東便來要回房子，因為有小孩不方便搬家，我要求房東等孩子四

▲ 和黃小姐在天水路的餐廳結婚宴客。

個月吧！後來我四處去籌錢，花了四萬多元買了對面的違章建築。那時候才真知道沒錢的苦。但為了讓妻小過好日子，這些苦我還撐得住。

牽手的一世情，像風箏斷了線

以前王永在的夫人常常到我家買東西，看到我為家裡買了許多日本電器，有電鍋、果汁機、音響等等，他在我面前當面對我太太說：「妳很好命，林先生很顧家，讓你們吃飽穿暖，豐衣足食，就算是摔倒了，也要抓把沙拿回來，我雖是有錢人的太太，我的錢是要經過會計來領取，我穿衣服是要婆婆看順眼，太花太紅太短都不行的，妳是小家庭沒人管丈夫又那麼好，妳要珍惜啊！」。可惜她不能體會。

小兒子在美國和我一起打拼，因為想念媽媽，常常碗洗到一半跑到廁所偷偷哭泣，他高中畢業寫信給媽媽，希望她能來參加典禮，給他一些鼓勵和支持，她也未曾出現，想到這裡不禁傷心。在美國和加拿大打拼的這段期間，我不斷東奔西跑，想盡辦法多賺一點錢，多省一點自己的開銷，為孩子打出一個安穩的前途，真的是什麼苦都肯受，落得如此境地不知該怎麼說才好，夫妻倆人不同心、不協力，好似斷了線的風箏越飛越遠，我只好父兼母職。

她連兒女的婚禮都未能參加，也不免為她難過，再怎麼說她也跟我白手起家，同住過鐵皮屋，到頭來她是一無所有，半途而廢可惜了，如果同心又協力堅持到最後，是不是也兒孫滿堂、夫賢子孝了呢？祝福她吧！我三個孩子的娘啊！

五、海外貿易的起點，日本

人生能按照自己希望的活下去，才是最重要的事。

生命中的貴人，人生大海的導航者

結婚不久，在建國北路的店開張了，太太做胸罩，我跑舶來品，夫妻二人齊心同力要建造一個幸福舒適的家庭給下一代。那時王永在太太買菜的路上會經過我家，王太太成了我們常客，她看到我年輕力壯又活力充沛，每天努力地跑生意，所以建議我應該去外國發展，聽她這麼一點醒，也鼓勵了我，引起我出國經商的動機，於是我開始去日本做生意，為前途打拼。因此，王太太可說是我到海外發展的最重要的貴人。

王太太為了幫我的忙，介紹弟媳婦來跟我買衣服，三十年前的她們住在新店六張的別墅，在當時年代的台灣，別墅很少見到，有貴客光顧，我特地挑選一批較高級的舶來品服飾，前往兜售，王太太的弟媳婦先生姓李，也在台塑工作，在大公司上班收入優渥，不過這位有錢人卻給我不一樣的感受，每回在李先生家銷售完衣服，時間已近中午，李先生客氣地留我用餐，但我總是婉謝，我心想來您們家做生意，已經對我夠仁慈的了，還要請我吃飯，不過當他說了「你若不來吃飯，我們也吃不下」這句話後，讓我對有錢人小氣吝嗇的印象完全的改觀，我只能說，老天爺真疼惜我，處處讓我遇到貴人。

就這樣，我跟李先生一家人在別墅的大圓桌前吃飯，他們不嫌棄我，如此地照顧我，即使過了近五十年，我還是感恩在心，他們照顧後輩的真心與行動，真令我一輩子懷念與難忘，讓我深刻感受到有錢人的愛心。有朝一日，在我行有能力時，我也會盡一己所能去幫助他人，如同今天的我走入宗教，發願勸募五百人，成立法鼓大學……

這些幫助我、給我關懷的貴人，即使當我從國外回來，我還是懷著感恩的心去探望他們，感恩他們過去對我的好。記得有一回，興致緻勃勃地去拜訪他們時，聽聞這位李太太往生的噩耗，一時之間，悲從中來，無盡的懷念與悲痛湧上心頭，這位有錢人的愛心跟她的財富一樣多，想起過去被有錢人鄙視、不屑的眼神，不免感嘆人性的醜陋。

記得李太太曾經對我說過，「阿雄，每天打開衣櫥，只要看到你賣的衣服，總會讓我想起你，那麼地勤勞、那麼地認真。」去日本之前，我連一句日語都不會說，還花錢請老師來家裡從頭開始學，學了二十一天後就與卓太太、李小姐一起去日本經商。

進口生意的啟蒙，打開經商的第一步

第一次與李小姐、卓小姐前往日本經商，當時約了嫁給日本人的川崎惠子來接機，結果沒約好，三個人只好先找旅館住下，兩天後才找到惠子小姐，她是東和俱樂部的老闆，經營的俱樂部專門招待台灣、韓國去的企業人士，收費公道。

為了家計，赴日經商，我卻先從台灣帶些特產到韓國仁川販售，再將所賺來的錢買些韓國貨，寄回台灣賣。自己再轉機日本東京、大阪採買，再回台灣販售，從中賺取差價。當時，我的生財工具，是三大箱的行李箱，自己拖不動，只好花錢請「戴紅帽」的日本人幫忙抬行李，這些紅帽族類似古代的挑夫。

驀然回首，回憶的滋味浮上心頭，年輕時拚命的勇氣，辛酸的處境，但我的人生就是這麼一步一腳印走過來的。在異國日本事業的第一步，首先去大阪的批發市

▲ 在日本與李小姐、卓小姐在日本銀座不二家店前。

▲ 第一次到日本參加HOT BUS到日本皇宮參觀。（上排右十為林春雄）

場採購衣服，因為第一次不熟悉台幣兌換日幣的差額，再加上通關因行李太多要扣稅，還有來回飛機票一共虧了四萬元，還沒開始賺錢，就先虧錢，心痛如針刺，越想越不甘心，但始終想不出到底用什麼方法可以省下一些費用。

兩天後，去找那位給我扣稅的海關人員的母親賴小姐，請教如何處理日後往來日本與台灣的貨品過關。這位賴小姐過去在台大醫院社會服務部工作，她指導我報稅退稅的規定，後來為了長久的考量，成立了「翔昇國際貿易公司」（這是用兩個兒子的名字所命名的），我從個人跑單幫成為正式的進口商，很感謝在我創業的初期，遇到賴小姐這位貴人，讓我正式踏入國際貿易的領域，在台日間經商往來。

回想起早年往返日本做生意，每次要飛往日本的前一晚，我總會睡不著，於是起床看看孩子們，女兒和兩個兒子睡一個大房間，幫他們蓋蓋被子、哄哄他們入睡，心裡想的卻是：萬一飛機失事，我就再也見不到我的兒女了！這樣的辛酸苦楚，只有自己最清楚，也最是深刻。

基於全力以赴的勇氣第二度遠赴日本大阪，這回我不再採購成衣，而是找到工廠布料，更發現京都的日本絲絨不會倒毛，所以說「福至心靈」，三十年前的台灣，在婚禮上大家喜歡穿德國製的絲絨，穿久了或坐久了就會倒毛，白白的一片，必須用蒸氣蒸過後，毛才能再立起來，回復原來的美感。

為了解決這個棘手的問題，歷盡千辛萬苦，我找遍了日本絲絨的工廠，只有一位日本老闆的倉庫有存貨，我看準這商機，將身上幾百萬元的日幣，全進了貨，當時三十二歲的我，有膽識與常識，澈底發揮我與生俱來的特質，老闆看我年輕又有膽識，就答應了，老闆本來算一碼日幣兩千元，我說用半價要向他買所有的存貨，就是黑色及綠色不要，其他全部我買了，我把身上所有的日幣給了老闆，最後以一碼一千元日幣成交。此刻我心中早有定數，這批貨運回台北可以替我賺來三倍的利潤，這些利潤甚至可以買房子。這時大約是民國六十五年左右。

當年名歌星歐陽菲菲在日本相當有名，她在大阪作秀表演是當時最紅的歌星，而我在大阪做絲絨的生意則屬於我最上軌道，也是我在日本事業起飛的階段。同為台灣人在異鄉日本拚事業，那種惺惺相惜的情誼，讓我對這位歌星更注目。

當時台灣與日本斷交，日本貨是不能進口的，我在東和俱樂部把布分批裁剪，從日本分散寄回台灣，可以少扣一些稅金，其他的拜託同行的日本學者，一人幫我提一袋絲絨和一支釣魚竿，因為託人說情接機的人忘了打招呼，一團人所帶的物品全被沒收了，害了這些學者漏氣到不行，雖然不至於犯法，只是非常的對不起他們。經商常遇有突發狀況，要隨時隨地接受各種挑戰，去應變、去克服，解決處裡各種問題，這樣的智慧就像金剛一樣無堅不摧，能破除一切，不受打擊的影響，再大的困難也不怕。

同行的陳太太常常幫忙我，物品被充公後，回到台灣，她說：「哎呀！我們做生意這麼辛苦，真是『拜公嬤擲沒杯』（國語：徒勞無獲）。」說完，兩人哭成一團，只有經歷過那種煎熬、苦楚的人才能體會箇中滋味，才能惺惺相惜。即使三十年後的現在，我偶爾打電話給已經八十幾歲的陳太太互道家常，相約再到嘉義去看她。當年這份情誼延續至今，她記起來想當初在日本時，每當我要外出都把錢託付給她，非常地信任她，可見得當年我們一起赴日打天下的革命情誼。

有一次在前往九州的船上，有位日本小姐要約我去喝酒、購物，陳太太警告我「你是要來賺錢的，不要讓日本小姐拐去了！」兩人說得有說有笑，過去的日子有甘有苦，多采多姿。因為做生意而結交的朋友陳太太，兩人建立起革命般的情誼，感情深厚，即使時光無法倒轉，過去的點點滴滴回憶，仍在我心頭纏繞不已，永遠也無法抹去。

日本的生意穩定之後，令我想起過去，我那愛算命的太太，曾拜託某大師替我算命，他仔細看了我的命盤後，鐵口直斷的說：「林先生，您適合到日本發展，將來您到日本就好像走廚房一樣勤快。」當時，我還半信半疑，但是到日本經商第二年後，果然如大師所言，台日往來頻繁，我只能說：大師所言神準！

人生的因緣真的很奇妙，一個九份的窮小子，憑著貴人的一句「適合到海外發展」的話，而造就了今日的我。

▲ 日本的蜜蘋果，與鮮紅的蜜蘋果拍照，感覺好幸福。

▲在日本上野摘蜜蘋果，是友人田口樣的太太娘家。

做生意要眼光精準、嗅覺敏銳

第三次赴日本經商，台灣已經可以和日本通商，既然已開放，便可放手一搏，於是不想再和太太小姐們一起闖蕩，男孩子要自己尋出路，於是我到中野紡織公司，憑自己的眼光選絲絨布，選自己喜歡的花色，沒想到在台灣如此暢銷。貨未到，人家已經排隊在等了，同時利潤也相當好，我開始賺了錢，我買了房子和車子，日子好過多了。我從小盤商變成進口大盤商，那時做生意的理念就是養成觀察的習慣，再加上眼光精準、嗅覺敏銳，緊緊抓住客戶的喜愛，以此信念經商，我成為進口大盤商。

當時藝霞歌舞團全團團員都穿我們的絲絨，也有很多同行人想學我買賣絲絨，結果有人賺有人賠，看來模仿的生意有人搶著做，但是做得成功與否可得多花費心思囉！那時在日本，我常為了省一晚二千元日幣的住宿費，去戲院一夜連看三場電影，只要日幣三百元，不僅可以學日語，還可以省下住宿的錢，我就是從這些地方一點一滴的省下錢來，給老婆孩子穿好的用好的，愛家的男人理當如此吧！

絲絨的生意到後期，高峰已不再，我嗅到這個趨勢，於是改賣釣魚竿，批給桃園、松山、嘉義等各地批發商，台灣那時候非常迷釣魚休閒，假日常常人手一釣竿，在溪邊垂釣，所以也賺了不少錢，讓兒子和女兒學鋼琴，家裡鋪上了地毯，日常生活品質提昇了很多。

因為買賣經商，認識了許多日本朋友，竹下先生想與我合作，帶著五百萬台幣來台灣與我洽談，在我家樓下開一間富溢食品有限公司專賣店，專賣茶葉、烏魚子、台灣特產，安排日本旅行團來採購台灣特產，幾年下來，奠定良好的基礎，後來想要好好栽培孩子，忍痛放棄這個合作的機會。

有次趁著空檔去夏威夷和密西根遊玩，令我大開眼界，密西根的夏天花開得如此漂亮，好像置身天堂，回來和太太商量要去美國，太太不肯去，但為了栽培孩子，我下定決定與日本人解約，得到他們的諒解，他們敬佩我為了孩子，寧可放棄與日本人合作賺錢的機會。

最後，我把樓下的富溢食品讓給大姊去經營，大姊介紹一位田口先生給我認識，他住東京也很照顧我，我去東京採購就住他家，他常帶我去遊玩跟泡溫泉，是個很好客的人，連我的台灣朋友去日本，他都招待的非常周到。當我移民去美國的那段時間，我的朋友若去日本一定會去找他。我從美國去日本住他家時，他的夫人樣樣事情都打理的妥妥貼貼，讓我倍感溫馨，好似多了一個哥哥。

田口先生因好客又吃得好，後來得了糖尿病，有一年我和大兒子去看他，他請我們去大飯店，當時的他走路已經很吃力。沒多久我回到了台灣，公司尾牙的那晚，我正請朋友吃飯慶祝，接到日本田口太太的電話，聽到田口先生已經往生了，我當場哭了出來，那頓飯就吃不下了，隨後我去日本參加他的追悼會，當時為了去看田口先生最後一面，就算機票再貴，也要去看他，這是我與他多年深厚的友誼，希望他一路好走，可惜失去如此難得的異國朋友。

我在日本辦理進出口的手續，全仰賴中村先生，他在航空公司貨運部幫我打點一切，我們成為好朋友，他邀我去他家住，他的夫人笑臉相迎，又跪在地板上敘述她與孩子的互動情形，並且親自下廚招待。第二天要上班時，這位夫人連我的皮鞋都擦好了，風衣也準備好了，非常體貼週到。

有次我們相約去中村太太鄉下的娘家，她娘家是開日本料理店的，當日下起大雪，白雪飄飄，我開心的不得了，這是我第一次看到雪景，把帽子圍巾穿戴好，穿上雨鞋，下車玩雪，心裡想著，我何其幸運交到這麼好的朋友，讓我在異鄉如此的快活。

真要感謝我父母，雖然沒有法子栽培我，但是把我生的很討喜，人緣好，處處遇貴人。有了中村的幫忙填寫進出口報關，我開始賺錢了，回請他全家以及他的朋友，我在大阪梅田重慶大飯店買一隻勞力士錶回贈他的幫忙，後來他也來到台灣旅行，我們像親兄弟，直至今日我仍然是好朋友，四十年了，時有聯絡。

在日本作生意的時候，我認識了一位陳小姐，她在日本NHK讀導播系，相貌身材都標準之上，所以請她做我的女性服裝模特兒，試穿合適漂亮，就買回台灣再轉賣賺錢。陳小姐沒課時也會來俱樂部找我，同行的生意人笑我說，因為我長得帥女孩子都來找我，笑我都不會利用好時機，用台語挖苦我「肉到嘴邊都不會吃」，說我可以去做觀世音菩薩嚕！我心知肚明，那時我住的是鐵皮屋，又有妻兒，怎麼能夠欺騙別人的感情？當時在日本有一齣電影片名為「男人的鬱卒」（日文片名「おとこの寅」），描寫一個男人受到許多女子的追求，對於女友間的爭風吃醋，感到心情複雜，百味雜陳。因為有妻小，始終不能踰矩，與我的情況雷同，真是心有戚戚焉啊！

有一次從大阪機場要回台灣行李超重，心裡著急想著該怎麼辦呢？回頭一看，排在我後面這位日本先生沒什麼行李，於是鼓起勇氣請問他，「我們可不可以一起過關磅行李？」他說：「那是我的榮幸」，於是他對日本航空公司的小姐說：「這位是我的朋友。」最後，我不但運費全免，還能與他同坐頭等艙，真是託福啊！

這位是四國德島的松崎先生，因為我主動開口要求過磅行李，卻意外結為朋

▲ 二〇一三年到日本遊玩，看到日本街頭懷舊電影海報，想起年輕時的自己。

▲ 與到NHK讀導播的陳小姐及拍電視劇的演員合影。（右邊第二位為林春雄）

友。到了台灣，我就成為他的嚮導了，帶他到中美鐘錶行，原來他是在四國德島開鐘錶的老闆，這次他來台灣，看上了台灣會變色的五彩圓鐘，松崎先生很仔細，他認為日本與台灣的天氣不同，可能需要換內部的零件，於是他自己設計繪圖，又陪他到新竹的工廠買品質較好的旭光牌的零件安裝。這一段因主動開口要求過磅行李，卻結成好友的往事，在我經商三十多年的歲月中，是不可抹滅的回憶，我相當地珍惜。

▲ 中村先生一家人，中村先生為我辦理日本的進出口手續。

日本經營最難關，都是鑽石惹的禍

早年赴日本跑單幫進口布料，行程忙碌，利潤也多，但為了再多掙些錢，我還特地向台灣珠寶店抵押質借鑽石，準備帶到日本去販售，當時質借約台幣二十到三十萬元，當時這筆鉅額可買一棟樓房，以現今市價約三千萬元。

老實說，絲絨生意舟車往返，勞累困頓，忙得連睡覺的時間都沒有，讓我幾乎忘了有鑽石這檔事，直到有一天，在商業旅館買賣布料時，巧遇一位與我同樣來自台灣的女士，竟提到「鑽石」這個話題，這位女士很熱心地表示，她有門路可代為銷售，個性單純，容易相信他人的我，於是將皮箱內的鑽石交給對方，連什麼契約、字據都沒有，全然百分之百相信，因為我認為做生意首在誠信。

但卻怎麼也沒想到，一天、兩天、三天…一個禮拜過去了，這位女士就像人間蒸發一樣，任我怎麼找，也找不到她。四十年前不像現在這樣，人人一支手機方便聯絡，就這樣，我馬不停蹄跑布料買賣，還邊向旁人打聽女士的消息，得到的答案竟然是：「甚麼？你被騙了啦！我們都是受害者啊！就連醫生的太太都被騙啊！」

老天爺呀！怎麼會這樣?!

為什麼這種事會發生在我身上啊，我借來的鑽石竟然一去不回，不但沒賺到錢，還欠了一屁股債，三十出頭的我，當場嚎啕痛哭，落下了男兒淚，腦海中還浮現自殺、一了百了的念頭。

直到有位跟我同樣跑單幫的林小姐，好心開導我：錢沒了，再賺就有了！要我多想想在台灣的妻兒，若是自己一念之差，走上不歸路，妻兒失了依靠，情何以堪啊？

這是我在日本經營絲綢買賣遭逢的最難關，只因全部心力都關注在絲綢，輕忽周圍的人，再加上急於賺錢，正所謂「一心不能兩用」，又想做絲絨的生意，又想要附帶賣些鑽石來賺機票錢，才會遇到像我這樣的慘境吧！

幸好這一念之差，經由貴人林小姐的正面開導，讓我漸漸釋懷，走出傷痛的情緒，鑽石的借款也分好幾次償還，畢竟「誠信」是做人、經商之首要。

六、密西根開墾記，美國

一塊磚沒有什麼用，一堆磚也沒有什麼用，如果你心中沒有建造房子的夢想，擁有天下所有的磚頭也是一堆廢物；但如果只有造房子的夢想，而沒有磚頭，夢想也沒法實現。

放棄台灣基礎，勇闖美國拼事業

當初決定去美國發展的動機，是因為姑媽嫁給美國人，又住在美國密西根州三十年，經由她的推薦，我才鼓起勇氣，決定放棄在台灣的一切，飛往美國密西根州。

那時我在建國北路有一棟房子，因違建被拆除，當時還獲得政府的賠償。房子被拆除的當時，椎心刺骨，痛心難過，我連看一眼都不敢，想到當初辛苦打拚，如今一切化為烏有。當時因為另一半未珍惜相片的意義，沒有收藏與保留下來，所以許多珍貴的少年照片都隨著違建拆除，而消失無蹤了。

後來當我拿了那筆賠償金，到美國夏威夷旅行，暫且忘卻辛苦的過去。這一趟美國行，還到了南岸加州和舊金山，之後我與友人蔡先生脫隊，飛往東岸密西根州找姑媽。

中途在加州住宿時，白天跟友人去泳池游泳，老實說，我不會游泳，友人表示：水很淺啦！你下來呀！後來友人自顧自游開後，留我獨自一人在游泳池。孤獨心就慌，沒多久，我沉入水中，連喝了好幾口水，雙手拚命胡亂揮動掙扎，彷彿就要往水中沉去，就在這生死一瞬間，有個高大的外國人見我溺水，一把救起我，還替我做人工呼吸，從嘴裡吐出幾口水後、從鬼門關走一遭的我，當時疲累的癱在游池邊，讓我想起二十九歲那年的車禍事件，心悸猶存，老天爺救了我二次，想必今後我還有更大的作為。

直到在密西根州見到姑媽後，我喜極而泣地說：「姑媽，我差一點就見不到您了！」我將溺水事件跟姑媽說了一遍，姑媽安慰我說：「阿彌陀佛！平安就好。」

當時的密西根州正值六月，百花盛開、鳥語花香，彷彿人間天堂，如此美景當前，讓我毫不猶豫的決定到密西根州定居。我將我的決定告訴姑媽後，她告訴我，「如果您太太不來的話，你還是不要過來，不要勉強。」可是，心中篤定的我，執意要來美國發展，從此夫妻分隔兩地，讓我們情分淡薄、漸行漸遠，這一切是當初自己始料未及的。

我和太太商量，決定帶孩子去美國發展，當時太太三十七歲，我四十三歲，她說現有房子了，結婚後日夜辛苦打拼，想要留在台灣。因為觀念的不同，保守的她不肯跟我去美國，於是留下等待服兵役的大兒子，我對太太說：「請好好照顧大兒子，有著一、二樓家住和店面收租過日子，我就沒後顧之憂，我帶著一兒一女去美國打拼，看誰教育的比較好，妳在台灣可以去學插花、學料理，幾個月後可以到美國找我們。」

因此，我帶了小兒子（老大十四歲了，必須留下等待兵役不能出國），去美國在台協會辦護照及美國簽證，在台協會不准，小兒子很沮喪地說，「這輩子去不了美國，大部分同學都去了，我卻去不了，我想跳樓！」

聽了這句話，為了小兒子，我陪他一起去和在台協會的移民官說：「我這做父親的已經說出口要帶孩子去美國看看，你總不能讓我這個做父親的沒信用，說話不算話吧！你不要簽太久，我們幾天就回來讀書了嘛！」

父親的誠意終於感動在台協會的移民官，簽證下來後，孩子開心地要命，我結束了台灣一切的事業，到大同國中向孩子的老師請假，順道去看爺爺，於是買好飛機票，開始了兒子在美國小留學生的生涯。

我想起有一個故事，有一個年輕人非常嚮往到國外求學。但是家境貧窮無法讓他圓夢，年輕人的心卻是非常堅定，於是天天跑到港口，對大海喊道：「我要搭船到國外求學。」自己則發憤圖強，努力求學，不放棄任何機會，後來得到國際學生獎助金的協助，真的達到願望。與一切事情成就由心相生相應。

▲ 住在美國密西根州的姑媽，是我決定到美國發展的契機。

▲ 赴美前，我在錦州街一八八號，與日本人投資的富溢名產食品專賣店，專賣台灣的名產。

▲ 富溢名產食品專賣店開幕時，邀請名歌星謝雷來剪綵。

夢境的警示，赴美勢在必行

當時我和日本人竹下先生、鈴木先生在住家一樓開設富溢食品專賣店公司剛結束，股東會議剛開完，後來交給大姊林卻管理，及處理一切雜事。當時的我真的下定了決心，為孩子的教育、為了自己的事業，又再度離鄉背井，我的堅持是一定要成功回來。

大概是日有所思，則夜有所夢，在要離開台灣去美國前，夜裡躺在床上，翻來覆去竟做了一個夢，夢境中，出現一台挖土機將高山剷平後，又將泥土填平了另一處大海，隱隱約約中，似乎透露出現實生活中的我，從出生開始至今，要前往另一處陌生的國度，語言不通的我，當時連ＡＢＣ也不會，心中的恐懼可想而知。

如果依然留在台灣，可能很難有所作為與發展，倘若前往另一個國度，則又是另一開始與新生。然而轉念一想，自認為是一個勇氣十足的男人，回想十四歲自九份流浪到台北，從小學徒一步步開創出自己的事業，過去的一切彷彿電影情節一幕幕在眼前，這一幕幕的畫面激勵著我，讓我更有信心，抬起頭挺起胸向前走，遙望不可知的未來，好像是原本只游小河的小鴨，有一天終將要流向大海，才知道大海的無邊無際，與世界的寬廣無限。

密西根州生活，新生的開始

姑媽在密西根州介紹我買了一個七十幾坪連地和設備的餐廳，位於密西根州（Ame）政府附近，餐廳是家庭式的，從一對退休的夫婦接手，這對夫妻教育孩子非常成功，我很敬佩他們。當時付了十萬元美金，合台幣四百二十萬元，台灣的房子和私房錢大概是五萬美金，其他再向銀行貸款，打算五年還清。

在飛機上兒子流下男兒淚，鄰座有位婆婆安慰他：「弟弟你要往後看，你還這麼小，爸爸就帶你去美國，未來是很有前途的」。兒子離開媽媽，又得跟爸爸去美國開餐廳洗碗盤，辛苦是可想而知的，怎能不流淚呢？

姑媽來機場接我的那一天，我記的很清楚剛好是畫家張大千先生往生的日子，一九八三年四月八日。第二天立刻接手餐廳，和律師辦貸款，然後去看餐廳的廚房，我差一點沒昏倒，這個餐廳實在太大了，有七十多坪，雖然我做過不下數十種生意，但是只有餐飲還未做過，在心理建設還未周全之下，我還無法接受眼前的事實——一個大男人要穿上圍裙做菜。

餐廳的前任老闆和姑姑問我會不會打蛋，我當然不會，他們只好一樣一樣教我，老實說，在學做菜的過程當中，感覺比當兵打仗還要辛苦，想起以前做日本進口商，只要穿上筆挺的西裝、打上領帶，就可以跟日本人談生意、下訂單。像我這樣一個從沒進過廚房的大男人，連打蛋都不會，為什麼還要選擇開餐廳呢？其實在當時，初到美國的東方人，不是開汽車旅館，就是開餐廳，況且我英文還不通，仔細考量後，還是決定做餐飲這一行，或許是迫於無可選擇，如台語說的「三聲無奈」，然而想歸想，既然已經踏上美國土地，就該丟棄過去的自己，重新再出發。前任老闆只教一個月，基本的簡餐我都學會了，剛開始生意非常好，我決心拚了命去做！因為只准成功不能失敗呀！

好景不常，前任老闆一走，生意就下滑了，因為我做的菜不夠好吃，客人不習慣，這餐廳還有位老外女管家，一早五點多開門賣早餐和咖啡，早上賺三百多元，但我還是忙不過來，為了讓孩子上學，只好花十塊錢每天讓人接送孩子上下學，孩子班上都是老外，只有我兒子是中國人，我感到非常地安慰，我的孩子竟然也能到美國上學了，從小因家庭環境無法讓我好好讀書，我更是拚命地讓孩子接受好的教育。

▲ 在美國EDDIES餐廳前剷雪。

▲ 美國EDDIES餐廳內部用餐區。

▲ 美國EDDIES餐廳全景。

英文太破，發憤圖強K英文

兩個月後，我去成人學校學英文，為了先準備好餐廳的食物才去學校，往往來不急趕上第一堂課的時間，而影響上課的進度，同學會抱怨我遲到，其中有土耳其人、阿拉伯人、墨西哥人、越南人、韓國人、中國人和台灣人，先考試再分班，只考簡單的是非題，我連ＡＢＣ都不會竟然也能考到中班，上課時「鴨子聽雷」，統統都聽不懂，很辛苦咧！現在式、過去式、未來式，我的媽呀！老師很同情我，把我請到一邊，她說：「Mr林，你從頭學起，從ＡＢＣ開始」。好像幼稚園的小朋友一樣，牙牙學語念英文。

我想打一通電話和台灣的朋友聯絡，當時還是由人工轉接，轉換電話的總機小姐卻聽不懂我說的一二三四數字，這才體會到有錢想花，不會說話真無奈呀！這也才體會到語言是如此重要啊！

聖誕節到了，我想寫賀卡寄給朋友，孩子也有朋友，當然他一定先寫他的朋友，之後才會輪到寫我的，為了讓英文快速進步，所以雪下的再大，我也一定要去上課學習，就不信我學不會，家裡大大小小都叫我Dr林，在這樣努力與堅持之下，放膽開口說英語，漸漸地能和顧客交談，說實在的，心底非常地開心呢！

那時在美國的成人教育班學習英語，我還擔任起帶動學習的風氣，因為當時班上的越南人大多不想讀書，

▲ 來自世界各國的英文成人教育班學員。

授課的老師很辛苦，連一樣小小的生活用品，老師都要用許許多多的詞句來形容，讓我們了解他所形容的物品，而達到學習英語的目的。我在想當時在台北科見美語補習英文要花很多錢，所以，無論氣溫低到零下十五度、二十五度，我都照常上課，從來不缺席。

想起最初要讀成人英文班時，依考試成績分發，我一題也不會，亂寫亂考之下，還分到中班，我是鴨子聽雷聽不懂，幸好老師再替我編到初級班，又激起我學習英文的興趣，就這樣每天苦讀，能打國際電話、與客人聊天，拿到這張結業證書，最棒的是英文變得頂呱呱了！

Certificate of Award

Chun Shiung Lin

is awarded this certificate in recognition of

Completing 1987-88 Fall Winter Spring Terms of Intermediate ESL

Given by Lansing Adult and Vocational Education

this 26th day of May 19 88

North Central Association ACCREDITED

LANSING SCHOOL DISTRICT

▲ 努力學英文，終於拿到結業證書囉！

聰明的人讀一遍，遲鈍的人讀一百遍

蔣經國先生說過：「聰明的人讀一遍，遲鈍的人讀一百遍一定會記住的。」於是晚上餐廳結束回到家十點，上樓大衣一披，開始用功，一直寫、一直寫，寫到自己一字不漏記住為止，第二天準時交給老師，再也不用聽到同學抱怨說：「本來會的，就是因為等Mr林而忘記了」。我是多麼地認真不服輸的在用功！雖然我的發音不標準，但是我說的、寫的都是正確的。

學英文到後期，我與外國人對答如流，有一次在海關通關時，當時一些台灣的大學生不太敢跟海關人員對話，但是我卻不同於他們，我大方地對海關人員問候：「Hi！Good morning！」還關心他們：「You are busy！」有時候一聊起來，聊得太開心了，還忘了後頭排隊的人排了一長串了！學語言真的要懂得運用，不單只是背單字，活用、運用才是重要。

現在回想起來，一個大男人帶著兒女到異國發展，而且還是做最不擅長的餐飲業，種種的苦楚，真的是有口難言，我是個怕油煙的大男人，不只怕味道，更害怕被熱油濺到，每次太太做菜時，我從不進廚房，之所以這樣，是因為我長期在日本經商，也感染日本男人的大男人主義，認為男人只要負責賺錢就好了，煮菜的事就交給另一半囉！老實說，到美國一個月左右，語言不通，再加上餐廳工作的辛苦，我得了思鄉病，我真的好想回台灣。

記得當時做餐飲、當廚師，並不像現今一樣搶手，以前做總舖（台語廚師），並不怎麼高尚，但當兵的同袍當中，就有一人極有遠見，後來甚至出國學西餐料理，那時我們甚至還笑他「男孩子找那種職業做什麼呢？」

沒想到現今美食盛行的台灣，廚師的行情與價碼翻倍，上電視教做菜、出書教料理，時代在改變，真的是我們當初所料想不到的。所以人間事，沒有一定不變的道理，唯一不變的是，聰明的人讀一遍，遲鈍的人讀一百遍一定會記住，抱著這樣的心態去做任何的事業，一定會成功的啦！

寶貝女兒成為我的左右手，念書、打工兩頭燒

來美國半年後，還留在台灣的女兒敏惠高中畢業了，抱了娃娃和行李到美國來找我，她自己坐飛機到芝加哥，我請朋友去接她，見面時還有說有笑。到了第三天，見到女兒淚眼汪汪地哭了，她說在家那麼好，餐廳打工卻這麼辛苦。那時他上午在餐廳幫忙，下午去州立學院上課。弟弟小時候給媽媽寵壞了，花錢無節制，看到喜歡的東西就買買買，做姊姊教他，他就會生氣說，「你們兩個像夫妻聯合起來欺負我！」這句話聽了，真是又好氣又好笑。

漸漸地，女兒成了我的左右手，上課帶著餐廳的五味——酸甜苦辣澀，坐在後面的同學聞到了會打噴嚏，想想女兒也真是辛苦，學費房貸就全靠這兩百萬週轉，所以每天的進帳不足就煩惱不已。人生是苦，有錢苦，沒錢更辛苦，年過四十歲的

人應該同意我的說法，放眼這個世間都是如此過日子。

當她面臨碩士考試時，因為來美國的時候是跳機的，查不到身分，所以沒有證明，她嘟著小嘴抱怨著：「我來美國是要來讀書的，不是來做餐廳的」。她不理解爸爸的辛苦，因為小學沒有畢業，想盡辦法讓兒女受到好的教育；而留在台灣的媽媽，守著台北兩幢房子也不肯出售，身為父親的我，對於眼前的一切，是多麼地努力辛苦得來的啊！

▲ 女兒敏惠十八歲從復興高中畢業後，到美國來幫我的忙。

▲ 女兒在密西根州立大學的畢業照。

密西根美國夢，人生中的暴風雪

回想起女兒高中畢業來美國念書，下課後回到我所經營餐館，因為剛接手，人手不足，她非得幫忙不可，有時，她也會發牢騷，對我大吼著：「爸爸，我來美國是來讀書的，不是來端盤子的。」

當時的我多麼希望自己是有能力的父親，能讓女兒衣食無虞專心讀書，但想起當年大兒子留在台灣，因家中環境優渥，卻造成他許多不良的習慣，讓我不免憂心，況且我從小也是靠自己打工賺錢，讓孩子從小知道用錢不易、要節省，才明白賺錢的辛苦。

猶記得經營餐館的第四年，面臨暴風雪的天災，餐館的屋頂也因風雪嚴重破損而處處漏水，又因地下室水管不通，造成餐廳淹大水，這樣的慘景，屋頂漏水，餐館淹水，我真的要抓狂了！

那時餐館的十萬美元貸款，是我將台北的房子賣掉，才籌得一半的貸款，餐館沒法做生意，貸款還不出，當時，我真像熱鍋上的螞蟻，著急得不得了。

只好求助姑媽，看著姑媽向外國人的姑丈撒嬌哀求借錢讓我應急的模樣，真是捨不得，這是借錢的痛苦，人生走到這般地步，三重的打擊（女兒的怒吼、餐館的淹水、貸款的壓力），真讓我好想開車衝到湖裡，一了百了。

▲ 大女兒敏惠，大兒子鴻翔，小兒子鴻昇。在密西根的姑媽家裡合照。

幸好，姑丈答應借款讓我應急，順利繳清貸款，度過難關。

某日，當我重遊密西根湖畔，腦中閃過開車直闖湖水的畫面，慶幸的是還好這只是一念之差，並沒有真正付出行動。

人生真的要克服萬難，接受種種挑戰，才能苦盡甘來，才是福慧兼修。

母親的美國養老行，波瀾重重

有次回台灣看媽媽，媽媽問我：「在美國有沒有房子，是整棟的喔？」我回答說：「有。」因此，她決定要隨我去美國養老，我很得意，因為七十八歲的媽媽在三兄弟中選擇了我，老媽因為害怕死後被送去殯儀館裡冷凍，喜歡像古代人一樣，入殮前放在大廳等出殯，所以老人家要跟我去美國，那裡有整棟的房子，而在台灣的大哥、二哥都是住公寓的，就這麼單純的理由，她決定要跟我。

去美國五年都沒有回到家裡，看到媽媽的時候是如此高興，卻忘記自己還是個「非法的」公民。她卻已經大聲地告訴所有在台灣的親戚，要跟我到美國養老，親戚也把最後的禮金、禮物準備好了，數一數，整整六大箱，媽媽說死後二十四小時不要動她，然後火化，再把骨灰帶回台灣處理，她會錄音讓其他的子女了解是她的意思，交代老三（我）處理的，免得我擔責任。

在機場親友們都來送行，一行人浩浩蕩蕩，母親大人風光滿面，到了底特律機場，老媽手上還提了皈依證、過路錢、老嫁妝，還有好心的留學生幫她拿，在前面先出關，沒想到我和媽媽當場就被阻攔不給過關，把兩人的行李拿到一旁詢問，因為自己非法，不敢說自己在美國開餐廳跟有孩子在讀書，不然所有的努力全泡湯了。移民官給了兩條路，第一、立刻遣送回台灣。第二、是銬上手銬上法庭。

坐了二十幾個小時的飛機，老媽的行頭也弄丟了，機場那麼大，我又不能出關，老媽都急哭了，說我不孝，真是無語問蒼天！只好答應移民官立刻回去，我找來空姐幫忙轉機到東京，私底下拜託她，並把妹婿畫的荷花送給她（妹婿是張杰的弟子），我對她說：「請妳幫我把媽媽送出去，送到姑媽和孩子住的地方，老人家七十幾歲了，我自己一定會回去的」。航空小姐答應了我的請求，所以連夜把媽媽帶去交給姑媽，讓她留在美國和孫子孫女一起住，幸好我原先已經進行加拿大的移民，我過了一條河（底特律河Winser的邊界），帶一件短袖T恤流浪加拿大，半夜裡在汽車旅館給媽媽打電話，說我現在人在加拿大，我們五年的簽證都被取消了，現在除非我變成小鳥或搭私人飛機才可以飛去看她，母子兩人在電話兩頭，痛哭到不能自己，原來想享受天倫之樂竟然是一場空。

第二天我去法國區小巴黎滿地可，移民公司派人來洽談，等了一個多鐘頭，來了一位香港的中國小姐，她先安頓我到一家一晚要美金三百元的六星級飯店，以為我是大商人，我告訴她，我是一個將母親、孩子留在美國的辛苦生意人。為了節省開支，後來入住小型旅社，自己買米買菜回旅社做飯，過著浪人的生活，每天四處逛逛做做市調，看看哪個地區比較繁榮，每天都走到深夜十一二點才回旅社。

那一年我四十八歲，漂泊流浪的心，不知道何時才能安定下來？一星期後與移民公司商洽，一個月後才與移民官面談，移民官辦公室氣派十足，當時我在滿地可買了一套西裝和新皮鞋，手拎著全新的手提包，體面的去面談，我以商人的身分去辦簽證，果真一次就通過了，一百八十三天後再回當地，著手先處理台灣財產的證明，以備三個月後移民官前來台灣對照。此時此刻我在美國的孩子白天要上課，餐廳也經營不善，只好租給別人，讓孩子能專心讀書，女兒說：「現在才知道爸爸在身邊的時候有多好！」女兒真的長大了！她已經懂得學會珍惜了。

於是我用書信的方式，請翻譯社轉達至美國在台協會的美國海關，表達是他們誤解了，我是要移民加拿大而不是美國，後來他們給了一個月的簽證讓我再去美國，但媽媽居然和朋友相約回了台灣，在美國三個月的生活把她給住煩了，唉！母子的緣分是如此地薄嗎？

▲ 母親在我美國住家養老。

美國餐廳租給人家，錢給小孩註冊唸書用，再回台灣把移民加拿大的手續辦完，這時大兒子也當完兵，我決定帶大兒子去美國，見見世面，就先帶他去日本玩，見見日本的老朋友，聊聊過去經營日本生意的甘苦，讓他了解爸爸年輕時，一心為子女所走的艱辛路。給兒子買船來品來打點，吸引他往正向的光明路走去。孩子在台灣的媽媽，哭鬧著要死要活的不許他去，說他若是去美國就要自殺，給兒子很大的壓力，可是兒子在台灣因為媽媽的管教不當，已經出了問題，我若再不帶在身邊，我擔心毀了他的一生。

大兒子到美國後，與弟弟姐姐相處顯得格格不入，我常常勸女兒：「妳假如孝順爸爸，就讓讓他吧！他的前途要緊，不要讓他走回頭路，更不要因為媽媽的外向，得不到正確的引導而走偏了。」在美國的我，要為生計打拼，又要培養兩個小孩，家中的老大只好全權交托台灣的太太好好照顧，但少了爸爸的陪伴，竟讓他的教育受到耽誤，心中十分不捨，為了拉近彼此的距離，我這個做父親的，放下身段陪他抽菸，陪他看脫衣舞、買車、買別墅，只為安住他的心，這個過程只有經歷過的我們才知道，我們父子是多麼的努力，我有多麼的堅定，做爸爸的我再怎麼辛苦，也要把兒子修成正果。

我是有條件的商業移民，所以必須在加拿大滿地可開公司，那時開了服裝和精品公司，根據法令要請一位當地的有公民權的職員，一小時八元加幣，三年後才能取消條件拿到公民證，在那樣的環境與條件之下實在困難，我自己三地往來，老大和我住加拿大，兩個小的住美國。當我回台灣採購時，無人看管的老大，如脫韁野馬，在加拿大晚上又和朋友去唱卡拉ＯＫ、喝酒、交女朋友、打架滋事，這還不能說他，一說他就會離家，真是欲哭無淚。

好在有一位越南太太易姐勸我和安慰我，說我會越老越好命，給了我勇氣。後來大兒子在易姐家的餐廳打工，只差一年就可以拿到護照了，他卻一定要回台灣自己開公司，結果沒開成又回美國，好在交了一個很好的女孩，回台灣辦結婚。我給他辦完婚事結好帳，剩下的禮金交給大兒子，好讓他們夫妻重新開始，我也了了一樁心事。之後又到美國處理房子，和當地人一樣在車庫拍賣日常用品、床、家具等等，甚至連衣服都賣了，然後才去加拿大買車買別墅給大兒子，這林林總總的一切，都是一位父親對孩子無怨尤的付出，也是父兼母職的甘苦談。

金錢、土地、樓房、珠寶、汽車、股票，這些世間的財物，總是因緣聚合有窮有盡，而般若智慧則是生生世世無窮無盡。社會上經常說「救急不救窮」要教導窮困者如何擁有一技之長，才是真正的救濟。西方人也經常說Power is knowledge知識才是無窮的財富。因此我到美國之後，除了認真工作之外，也非常重視孩子們教

▲ 移民加拿大之前，在美國住家車庫拍賣家具、衣物與日用品。

育，因為知識就是力量，相較於有些父母留下大筆的財產給子女，對我而言，給子女完整的教育，能夠自食其力，才是留給他們最燦爛的遺產。

七、滿地可移民跳板，加拿大

人，縱有通天之志，無運不能自通；
馬，縱有千里之行，無人不能自往。

移民的第一難關，左等右等、等不到通知

加拿大派移民官到亞都飯店查財產，問太太是分居還是離婚，請太太來簽個名，全家就可以移民加拿大了，太太不肯去簽，此案只好不算，重新再來還要一整年。因為必須正式離婚，案子才可以重新辦理。姑媽告訴我一定要自救，先在加拿大買一棟房子。當時剛離婚，又去加拿大辦移民，然後把美國的餐廳租出去，住家留給小孩，全家開車去多倫多邊界水牛城報到。先是借住在潘先生家，他是我早先去加拿大滿地可的餐廳吃飯，認識的餐廳老闆，兩人私交很好。

那時等候移民官通知，又因為女兒搬家地址不對，又苦等了好久，移民局找到女兒在多倫多的新家住址，接到通知時，我人在台灣，我因有事回台灣處理婚姻事件，匆匆趕回去，在飛機上讀加拿大的歷史、現代史，一個頭兩個大，全世界不知

有多少的人都在排隊面談，一見到移民官是一位法國女士，我西裝筆挺拿一個真皮的皮包，一副大企業家的派頭，大大方方的去和她握手寒暄、問好，盡說些題外話，把十分鐘的面談盡量拖延時間，反而問她有沒有去過台灣？喜不喜歡台灣的新年？幾個兒子女兒？我有二男一女，女兒在密西根大學，好像我才是移民官似的。

這位移民官女士很有默契似地，她意思意思地問了幾題，像是加拿大的國旗是什麼顏色？哪裡是工業區？我一一回答，又問以前的總理是誰？

▲ 加拿大移民官，是一位高貴的法國女性。

最後，她說：「恭喜你啊！通過了！」同我握握手道別。

踩著高興的步伐回家整理資料等通知，一個月後女兒又搬家了，這次又漏接通知，左等右等，早等晚等。等接到通知領取移民證書時，在大廳裡聽到一個一個叫名字卻單單漏了我，大家都好高興，人手一張拿著證書走出來。我心中真的不是滋味，靈機一動，只好硬著頭皮再去辦公室，找上次面試我的那位親切的女移民官，她也很訝異，為什麼我沒有拿到證書，立刻請人去查我的資料，再等了十幾分鐘後，燒滾滾的證書終於出現了，當場我在她的辦公桌前宣誓及頒發證書。天呀！那一刻，我高興的要命，非常地感謝她，還要求與她合照留念。

一九九〇年，我移民加拿大，當時是用商業移民，我開店時雇用一位當地的公民，一天八小時，一小時六元加幣，相當於台幣一千五百元，房租六萬台幣，我在美人街開精品店，自己佈置櫥窗，省了一百元加幣。必須在當地做滿三年生意審核通過，再取得正式公民。為了讓精品店突顯出特色、吸引客人上門，我又飛去香港進貨夾克，法國人穿起來漂亮又帥氣，我又回台灣的韓國街進貨，專買賣當地沒有的東西，我天生就有生意頭腦，所以勉強可以支持，後來把店交給大兒子，因為當時在台灣還有另外一家公司，同時要去法院，所以加拿大、台灣兩邊跑，兒子不會理財，做到沒繳房租跟稅金，精品店被法院查封，這可不得了！我又得立刻趕回去處理，好讓精品店重新開張。

一九九一年，我又從台灣帶些衣服、小珠包包等等貨品。為了精品店生意營收，另設計一款以「畢卡索」的畫的花樣大的四方巾，將四條拼起做成夾克。沒想到這項創意夾克，大

▲ 當年在加拿大美人街開設的精品店「CUTIS」，櫥窗裝置全是出自自己創意，節省下百元加幣，在異國創業大不易。

受歡迎，銷路特別好，整條美人街上的精品店，只有我們「CUTIS」賣得嚇嚇叫！就連加拿大愛德華市政府上班的員工也來搶購。

過去孩子在滿地可時，交友不慎，交了壞朋友，在朋友的慫恿之下，還曾拿了精品店營收的錢結伴去玩樂，當時的我，整顆心揪在一起，想不清自己的孩子怎會如此不懂事，他的心被罪惡給蒙蔽了。幸好在我愛的鼓勵下，他一點一點、一天一天，慢慢地懂事回頭，看到這位浪子回頭改過了，我真的好高興，又很安慰，高興的是：孩子改過向善了；安慰的是：我父代母職的辛苦有代價了！

流浪到加拿大，取得公民權

當時的密西根州長較嚴格，我在當地經營餐館八年還拿不到居留權，因為這樣，我在人生邁入半百之際，做了一個重大的改變，選擇到加拿大，而辦理商業移民。那時大兒子還對我說：「爸爸，真佩服您好有勇氣，快五十歲還做這麼重大的改變。」

我選擇滿地可做為跳板，開精品店。許多像我一樣的移民連連感嘆，「加拿大」成了加「難」大啊！還記得當時移民局官員問我為何移民，我回答，當時台灣局勢不穩定；再者，最重要的是為了孩子的教育，身為人父的重責大任，就是要讓子女接受良好的教育，就這一點而言，我是相當引以為豪的。

經營精品店，我又成了空中飛人，飛回台灣帶貨，又飛回加拿大，因此把店交給大兒子照顧，然而初到加拿大的兒子有許多的習慣還改不過來，有時晚上早早就關店，和朋友通霄出去玩，還把營業所得拿去吃喝玩樂，沒有報稅，要去補稅差點關門大吉。

簽約精品店的前身是皮包店，那時的老闆也是台灣人，但卻是個不老實的台灣人，他與加拿大政府簽約二十年，卻沒告訴我，害我胡里胡塗簽了約後，找了律師去幫我處理，縮短為簽約三年，總算取得公民權，要不然，我要花二十年才取得公民權。

精品店在美人街伊莉莎白飯店隔壁，二十年前是最熱鬧的地點，有一次遇到火災淹水，衣服全數報銷，沒法做生意，雖然政府有補助，但是還要自掏腰包，我這條龍遇到水、又遇到火，卻還絕處逢生啊。

八、回台灣尋根

宋朝畫家思肖，畫蘭，連根帶葉，均飄於空中。他說：「國土淪亡，根著何處？」國，就是土，沒有國的人，是沒有根的草，不待風雨折磨，即形枯萎了。

——節錄自陳之藩「失根的蘭花」

另一番事業的起點

離婚時，那時我把台灣房子賣了，付律師費、開庭、民事二審，熬了三年到高等法院，付完費所剩無幾，心情很低潮，姑姑勸我去加拿大買一幢公寓，乾媽也勸我走回老本行，所以我再去日本採購，賣給老顧客，但時間久了也做不起來，有人介紹到電信局擺攤位，我將加拿大收回來損毀的貨底賣掉換現金，後來知道婦幼醫院、公賣局、救國團也可以擺攤，所以又到韓國街批貨，到各處去賣衣服。直到遇上了開發研究奈米的黃總裁，他設計出許多的內衣褲、帽子、襪子、被子、圍巾、刮沙片，我也加入黃總裁的傳銷公司，就跟過去一樣，不管做什麼事業，我都非常的拼，也做到了總監，找到一個好下線泰山的師姐，每次到她的精品店，她會做中西點心給客人吃，然後放公司的說明會影片，透過黃總裁介紹產品，現場行銷的魅力果然驚人，客戶一個個下訂貨，一場下來五、六十萬元的營業額，真不是蓋的。

二〇〇三年台灣SARS來襲，總裁用奈米作的口罩及精油，一套七百多元，師姐一口氣就訂了三五百套，後來因故一夕間關門大吉，不得已黯然離開，最終事業夢又如夢一場。

人生苦，才知甘甜的滋味

透過寫書，回想創業路，並非一路順遂，像是回台灣重新出發，也經歷波瀾重重，或許老天爺在考驗我，讓我累積多一點失敗，就離成功更近了。所以，我一直堅持開創事業心，沒有絲毫動搖，一旦選中目標，全力以赴，絕不輕言放棄。

最初回台灣，希望住大陸、再回到日本市場，但是去了大陸深圳，遇見美國僑胞蔡志銘和一位香港商人來台經營服裝生意，我一聽「服裝」，這是我的專長，三人商量後，在深圳找了國際大樓的一位毛小姐，因她認識大陸高幹，居中安排搭火車到廣州及各城市觀摩成衣工廠，專門做代工出口到義大利、瑞士、英國，還選購一些樣品到加拿大。

當時，大陸還沒像今天這樣的繁榮，我一個人在大陸，非常沒有安全感，不敢一個人單獨出門，不像在美國和加拿大時，我一個東方人什麼都不怕，真是想不透為什麼語言能溝通的地方卻沒有安全感。甚至坐火車要有熟識的高幹，才能拿到火車睡鋪，當時對於大陸的種種不感興趣，真的無法適應。又和美國紐約的蔡先生到張家界，那時對岸還未開放，透過毛小姐，我們二人從深圳坐火車到湖南長沙後，再請當地的導遊帶我們包車去。當時的張家界還沒有現在的人工建築，我那是才五十歲，年輕力壯，爬上最高點，看到層層雲海，猶如張大千的國畫實景，生意還未做成，先去觀光旅遊了解現況。

後來又和一位已經四十年沒見面的香港朋友見面，他住在加拿大，與我的經歷有些類似。這位香港朋友住汕頭，事業有成，回家鄉置產，他邀請我到汕頭參觀，看看他的成功事蹟。離汕頭不遠處的潮州是香港富翁李嘉誠的故鄉，我也去看看，了解人家如何刻苦、如何發跡？如何從中堅持努力不懈而成功。

二〇一一年，因為訪友遊歷了江南、杭州、蘇州、上海，看東方明珠璀璨的夜景，看黃浦江夜上海的十里洋場，所有的種種，哪是當年我一個來自九份的毛頭小子，小小的腦袋所能想到的事。想想從前，看看現在的自己，人千萬不要怕辛苦，付出多就會有收穫，因為人生要有苦，才知道甘甜的滋味啊！

因緣際會，我又接觸到傳銷，第一間公司仙妮雷德健康食品；第二間為紅點奈米國際有限公司，我當上總監，也到泰國、馬來西亞、日本等地分享。第三間為日本甲殼素，也推廣到香港、廣州內地。第四間則為順天堂本草生活館，受聘總經理職位。

精油是留香、傳香、芳香的事業

三生有幸，我又遇見貴人了——李雪玉，她介紹我到忠孝東路宇田公司。宇田公司工廠在法國，總公司在英國，是醫療用的頂級精油。我非常用心開展我的事業，很快的就在一個月內將營業額做到上百萬，老闆很看重，其實是因為這個產品太好用了，無論是氣卦還是數字，招財進寶、招蜂引蝶、心想事成，每一瓶精油都有八種以上的天然草本或單方，像中國人老祖宗用的草藥一樣地神奇，其實也是一種能量醫療，達到身、心、靈的平衡。

我在這七、八年來的精油事業非常有心得，也幫助許許多多的家庭，讓每一個人身心平衡、心靈安頓，我越做越有成就，也拿到台北經銷商的代理。

在二〇〇三年，我接觸到精油，因為五股民族路許師姐的引薦，當時教我們上生命靈數的一位李老師，替我算了之後，直言「林先生，您現在已經走到大運了，您要賺錢了！」我半信半疑反問他「我要賺錢?!怎麼賺錢啊？」老師回答：「比如說，你要賺一〇〇萬，也是賺錢；賺一千萬，也是賺錢；賺一億，也是賺錢！處處都有賺錢的機會，視您的能量而定，是賺多？還是賺少？」

當時我還是不相信，精油真的有這麼好嗎？它真的有能量嗎？會不會是騙人的啊？

面對我的疑問，老師絲毫未受影響，老師只說：「決定權與選擇權都在您的手中！」我看著桌上排列出的生命靈數，我有四號，和八號，我應該很會存錢才對，七、八年前拿出二萬五千七百元來買精油，一口氣砸下錢，心很疼，就把它想成買股票投資吧！不論老師說什麼，我都買，毫不遲疑買下精油後，原本我黯淡無光的人生，從此一炮而紅。

用了精油沒多久後，神奇的事情發生了，一位住在舊金山三十年的好友來電，告訴我要在台北開一家順天本草生活館，請我找地點，在吉林路二八八號一、二樓，要我掌管當總經理，我答應他了。

光是裝潢就花了二百多萬，一簽完約，那時候是二〇〇四年二月，請了四名員工，當時銷路最好的是牛樟芝，但是公司帳戶無週轉金，一定要賣出才有入帳，才能付薪水和房租，所以壓力很大。九個月後，我提出辭呈了，在這段時間，我也很掙扎，但是時時提醒自己「遠離嗔怒心、我慢心、妄想心」，讓心維持在平等、平靜的狀態下生活與工作，經常樂於用和氣柔軟的語言對待週遭的人事物，縱然遇到一些逆緣，也要立刻提起正念，當作練習忍辱的機緣，切勿上當讓自己起嗔怒心、煩惱心。

過去任職進口法國、英國精油的宇田貿易公司有八年之久，原本是傳統產業，但在二〇一二年起大變動，副總改變經營方式為傳銷。二〇一一年，我的全年業績高達五百多萬，當上了經理，正穩定發展時，卻又遭逢公司政策轉彎，心中期望因禍得福。二〇一二年加入如苑菁華國際股份有限公司顧問，因為投入這個產業，我也加入台灣生技菇菌協會成為十三年會員，又在二〇一五年六月當選理事長，並擔任神農真菌生技有限公司社團法人台灣食藥用菇菌類生技協會第十二屆理事長，期待能在這個領域中有所精進，掌握社會動脈，順勢而為，應時而生，就能開創新局面，展現出新的氣象。

有一次我隨意逛到吉林路門牌號碼四〇〇號（現在的住家），當時掛著出售的牌子，一般人大概對「四」這個字很忌諱，但是我當時已改變觀念，四代表四平八穩，我很喜歡這間房子，原本開價六百多萬，認為價錢有些高，後來巧遇仲介林先生，告

牛樟芝 2016 ISTAC 台灣國際學術研討會

感謝狀

茲感謝

社團法人台灣食藥用菇菌類生技協會

熱心贊助本屆2016台灣牛樟芝國際學術研討會

特頒此狀 敬表謝忱

此致

主辦人 陳水田教授
Prof. Shui-Tein Chen

2016/05/08
中華民國一零五年五月八日

IBC Institute of Biological Chemistry, Academia Sinica

▲ 期待能在食藥用菇菌類領域中有所精進。

知這間房子現歸他們出售，我一聽，這間房我要定了，當場簽約並付了斡旋金六萬元，原屋主是一對剛生小baby的年輕夫妻，可以降價到四百五十萬，不過我告訴他們這附近有賣到三百九十萬的行情，見面三分情，最後以四百萬元成交。

我已經七十多歲了，我的觀念是，最好是不要求子女給我錢，除非子女主動給我，因為孩子有自己的家庭要照顧、有孩子要養育，這是不想增加孩子的負擔，也是為人父親對孩子的疼惜。

銀髮族的朋友，教育孩子的責任完了，接下來，我們要開始規劃自己來到世間的使命──選擇宗教信仰，像我現在每天五點起床，到圓山做早課迴向，心靈愉快。有位同仁問我，「林先生，您是『拿鋤頭捶心肝』喔！那麼清心、那麼快樂！」

人生要說笑，才會快樂，才不會苦哈哈。

如同聖嚴師父開示：「山不轉路轉，路不轉人轉，人不轉心轉。」把我們的心轉向快樂、轉向開心！

如今的我在台灣，每天過得充實又踏實，獨立自主養自己，不向孩子拿錢，有時女兒貼心地打電話關心我；「爸爸，你還有沒有錢花？」我是個愛面子的爸爸，對子女「報喜不報憂」，一概回答：「很好啊！爸爸很好啊！」

女兒會誇講我：「哇！爸爸好棒喔！自己會賺錢啊！」

如果孩子要孝順我們請吃飯，替我們買短程的機票，就讓他們盡孝道吧！父母不替兒女操心，兒女也不掛心父母，年長的我們將身體照顧好，做些有意義的事，時間所剩不多了！能吃到八十五歲就阿彌陀佛了！掐指一算只剩十五年，時間飛快，念經、走宗教、學做人。

人，一年一年老去，七十歲有七十歲的樣子、八十歲有八十歲的樣子，不必去逃避，所有的相貌都是當下的我們。我說，人老了就變成猴子，想想看，剛出生的小baby皮膚多光滑細緻啊！

二〇一三年，我回加拿大住了半年，為的是請領福利金，又可和孩子同住享受天倫之樂，讓自己快樂，像我一個單身老人，很自豪孩子教育成功，又把自己照顧好，秉持學佛的精神，過好每一天。因此頓悟到身為加拿大年長銀髮公民，以玩樂為主即可，不為了福利金強住半年，將錢留給需要的人，自己好好規劃老年生活，像是接受法鼓山常迪法師感召，認養法鼓文理大學景觀土地，成立綠化環保義工小組，一個月除草二次，身體一天比一天好。

九、尋找回家的路，法鼓山修行勸募勸心

師父像明燈，聖嚴師父就像一盞明燈，他一生為我們不斷地放光芒發熱。黑暗中為我們指引方向，風雨中給我們溫暖。

千禧年大好年，皈依法鼓山聖嚴師父

小學四年級的時候，我的阿嬤往生了，當時我看到阿嬤死了非常害怕，心想人死了還要放入棺材內，那不就沒空氣了？小小心靈對生死大事有了一點初步的認知，這也為日後修行種下了一顆小小的善因。

過去在加拿大、美國居住時，常與女兒女婿上教會，對於佛教並無所接觸，但回到台灣後，偶然的機緣認識張馨文師姐Wendy，當時住錦州街的我，常與在松江路做小生意的師姐碰面，張師姐總是親切地對我說：「林桑，您要來皈依、皈三寶。」

當時我一點概念也沒有，但是張師姐很有心，持續說了六年，直到六年後的有一天，因緣來了！

她說：「林桑，明天我帶您去跟師父拜年！」

那一年是一九九九年，我看到師父端坐在農禪寺道場，面容慈祥，瘦瘦的身子，像極了父親。深深地感受他與一般的出家師父不同，特別地真誠與慈善。

師父當場開示：「不殺生、不偷盜、不邪淫、不妄語、不飲酒。」一若是犯了錯，就要立刻懺悔。

當我接受後，便於二〇〇〇年千禧年皈依，在農禪寺皈依住了一天，那年有兩千人皈依。後來我發大願

▲ 興建法鼓大學時的勸募，當時師父身體微恙，仍打起精神與我們拍照，並接受師父的勉勵。

力，從帶領一個到三個、五個皈依，直到二〇一二年共皈依一百二十人。

當師父三年前圓寂前，我特別帶了中央研究院曾鴻家博士，及一名居士到法鼓山皈依，他們二人真是幸運，得以在師父門下皈依。當師父說到「心靈環保」也就是處世的四種態度：面對它、接受它、處理它、放下它。以此做為建設人間淨土。

回想過去農禪寺，當年披荊斬棘，從只有幾人種菜修行，到如今幾百萬人護持，可見師父的影響力之大。雖未曾與師父面對面接觸，然靈性上的感應圓滿豐盈，正因為這樣我走入法鼓山，體認到宗教的好，朝山、做義工，樂此不疲。

聖嚴法師說：「宗教這麼好，知道的人太少，誤解的人那麼多。」我知道緣份到了，一師一門，發揚法鼓宗風，同心共願，創建人間淨土，提升人的生活品質。這是我生命裏最終也是最重要的事，我學聖嚴師父發大願，我要捐法鼓榮董一百萬，自己沒讀多少書，但願能幫助有心向學，卻無能力付學費的孩子可以上學，我答應帶十個榮譽董事，目前連我有三人，有願就有力，相信有緣人很快就會出現，我持續努力中，我募人募心，大家一起來關懷生命，快樂學佛修回家的路。

師父嚴教，我都會牢記心中。

法鼓團體助念，各面向都要顧到，不單只是禪坐。有一回，夜裡回到家裡實在很疲累了，但接到助念的師兄來電，要我到醫院去助念，縱使身體疲累，我還是二話不說，立刻答應，趕去醫院為往生這助念，這一來一往，加上助念，回到家已是凌晨三點鐘，此刻疲倦感已失，心中只是滿滿的感恩，自己何其有幸，有能力得以助人，讓往生者平安抵達西方淨土，也算功德一件。

世間最公平的事是每個人一天

▲ 大願興學滿願勸募感恩會。

都有二十四小時，所以要珍惜現在所擁有的一切。聖嚴師父所寫的大智慧過生活、一百零八自在語，以及提倡心六倫心靈環保，如今在世界上各個角落街看得到，有的寫成春聯，成為座右銘，讓家家戶戶、商店住家張貼，提醒世人時時依文解意、反省自我、依意力行。感恩平安無事日，珍惜健康有用時，看書、誦經、念佛、修行，當有健康身體可以使用之時，要盡力顧家庭、孝順父母、奉侍師長、回饋社會、利益人群、護持佛法、廣度有緣眾生、常飲法甘露。

佛經云：人身難得如爪上塵，如盲龜浮木；又說：人身難得今已得，佛法難聞今已聞，此身不向今生度，更向何生度此身。凡夫總是退的多，進的少。除非登第不退位階，縱然不退轉，尚需修行三大阿增祇劫，才能成佛。世人要遇善知識，俱善根福德因緣，肯信佛學佛，知方法修行得力。

既然累生累世修行成就難，為何不今生今世就成就呢？無量壽經云：雖一世精進勤苦，須臾間耳，後生無量壽國。快樂無極，永拔生死之本。無復苦惱之患，壽千萬劫。自在隨意，宜各精進，求心所願，無得疑悔。

反省自己不必要受逆緣逆風的影響，以無我處世。凡事無我，就不會昇起煩惱心，起嗔恚心。

有一天，我在法鼓山出坡，有一位女眾菩薩提到，未來她要葬骨生命園區。我聽了，很震驚，也很感動。她的意思是說：生為法鼓人，死為法法眾（菩薩），我想她已經聞道了！真是恭喜。她的人生方向目標已經明確，進而身體力行，朝自己人生方向前進，每每參加出坡修福修慧，平常斷惡，修善懺悔，真是值得讚嘆！

▲ 利用三年的時間，每週一晚就讀聖嚴書院，結業時的合照。

▲ 法鼓山的師兄姐，大家都是來奉獻的。

▲ 聖嚴法師在世時，我帶眾生到士林中正高中參加皈依。

《金剛經》的堅定精神，考取農禪寺導覽

前些日子學佛上課，上半年還好，但到後半年走下坡了，即靜心修行加強閱讀金剛經班，《金剛經》的內容是一部智慧經典，像金剛一樣無堅不摧、能破一切，卻不受任何事物影響。又讀成佛之道、閱讀福田班級考進農禪寺改建新水月道場的導覽組，對於我這樣的年紀，雖然吃力，但我學了《金剛經》的堅定精神，安慰鼓勵自己一定可以達成。

我在七十三歲時才和一些三十、五十歲的師兄姐，考農禪寺的導覽，說實在的，很辛苦，下了一番很大的工夫，才順利取得導覽的資格。我深知我的人格特質非常適合當義工，同時能對法鼓山的財務有助益。

以往都在丘勸募，較沒空學佛法，於是去年特別撥出一年時間學習佛法經典。

大部分年輕、中年者沒問題，然不分年紀，只有能學有心，世上沒有做不到的，永遠秉持著一貫東方不敗的精神，就會有成就，最後達到導覽的資格。

每天早上，我到圓山運動就到老地方的大樹下，衷心向聖嚴師父祈求，「如果您需要像弟子這樣人格特質的人做導覽這份義工，而對法鼓山有幫助，請賜給某位評析班長放鬆一些，別刻版硬梆梆，我會更加努力研讀。

果然聖嚴師父給我一個機會過關卡，在二〇一三年一月二十七日，在農禪寺新大度授證，還要我上台分享心得，接下來，正式成為導覽成員。

回頭想來評析前，恰好是新曆初一至初四，那幾天氣候下降至十五度，我們去水月道場和大殿時，天氣變冷，衣服又穿得少，真是一大考驗。

不過一看到眾多的參訪者，內心熱情澎拜，賣力解說導覽，卻也忘了寒冷的滋味，更忘了肚子餓這回事。班長寶春很用心，這四天都提醒我用午膳，讓我深深感動，師姐慈悲及關懷，還給我暖暖包，讓我溫暖抗寒，人間的溫暖處處有，幸運的我又遇到貴人－果本法師的鼓勵與開示。

在皈依前，（約一九九八夏日），我在錦州街附近幫助一位流浪漢張明忠，並透過佳佳國際獅子會、嘉義縣畢士大輔導中心協助，藉由愛心關懷，讓這位年僅三十多歲的張先生，願意打開心門，接受幫助，南下嘉義畢士大輔導中心，過著家庭式的生活、一對一的輔導上課，回歸日常生活。

當時，我見他一身髒兮兮，連日來蹲坐街頭，啟動我惻隱之心，好說歹說，說服感動他，願意卸下心防，帶他到後火車站白宮旅社梳洗休息，提供衣服，再帶他去坐飛機到嘉義畢士大輔導中心。好像帶自己的兒子去當兵一樣，看到他高高興興地接受輔導、上課，一切都安頓好後，才帶著一顆歡喜心回到台北。

起因為一個機緣，希望自己的一個善行，幫助一個年輕人找到自己，回歸社會，如今，我將這份善心投注於法鼓山，祈願自己幫助更多的人。

自從皈依，後進入佛法，接觸經典，每天一點一滴精進，智慧法喜充滿，領悟到：人生難得今已得，佛法難聞今已聞，此身不向今生度，更向何生度此身？故要積極找尋、證悟道的真理。戒之愚見道者，路也人生之方向，生命的目標也。

有般若智慧，心中不執著，不受任何現象所左右、所動搖，那麼，我們心就同金剛一般堅固。金剛是堅固、般若是智慧，波羅蜜是超度的意思。

天下的事情，沒有輕鬆、舒服讓你獲得的。凡事一定要經過苦心追求經驗，才能讓你真正明瞭其中的奧妙而有所收穫。心靈的財富比金錢上的財富，更難能可貴。

心好命又好，富貴真到老；命好心不好，福變為禍兆；心好命不好，福轉為福報；心命俱不好，遭殃且貧夭，心可挽乎命，最要從人道，命實造於心，吉凶惟人召。

世間上的事情都是兩面，往好處想的人，快樂滿懷，悲觀的人則痛苦不已，這個時代，需要的是樂觀，樂觀比財富力量大。世間處處是財富，且看好事、好話、好心地：人間時時皆吉利，但憑真情、真義、真心意。

成熟的人不在乎過去，聰明的人不懷疑現在，豁達的人不擔心未來。

快樂在哪裡呢？

應時得友樂，適時滿足樂，命終善業樂，正信成就樂。

快樂，是人人所嚮往追求的，有的人以享用種種的珍饈美味、滿漢全席為快樂，可是吃多會生病，有的人以遊覽名山大川，到處玩樂為快樂，究竟什麼才是真正的快樂呢？

《法句經》的這段偈頌告訴我們：

第一、應時得友樂，好友相聚的時光是讓人感到愉快的。古人說：「在家靠父母，出外靠朋友。」一個人遇到困難的時候，有好朋友來指引迷津、徬徨失措，不能做決定時，能得到朋友的建言、支援、贊助，就可以讓自己振作起來，所以朋友對人的一生很重要。孔子說：「亦有有三種，友直、友諒、友多聞，耿直的朋友能做我的老師，寬厚的朋友，能體諒我的不足，有知識、見識的朋友，人生會快樂充實。」

第二、適時滿足樂，每天的生活當中，你能感覺到滿足快樂嗎？有的人有錢、有名利、有地位、心中還是不滿足，不快樂、不滿足的人生，怎麼能快樂起來呢？所以我們如果每個人都心存歡喜滿足，富貴就在我們的身邊。

第三、命終善業樂，人到了臨命終時，算一算他一生中所作所為，善事比較多，人生就有存款；如果惡業比較多，就是負債。善業多，必然快樂，惡業多、負債多的人就快樂不起來。

第四、正信成就樂，真正的快樂來自內心的信仰，信仰就是我們的寶藏，信仰是快樂的泉源，人不能迷信，當然也不能不信，更不能邪信，如果有正信，正信就是有了目標，有了道路，做事有了方法。一個人有正信，前途有目標，在各行各業就能有成就。因此，善友是人生旅途中的良師，知足是心靈快樂的妙方。

有正信的法寶，朋友會喜歡你，大眾會信服你，就能為自己帶來很多的快樂。

圓一個圓滿的人生

二〇一三年，搭乘長榮航空午後六點四十五班機飛往加拿大多倫多，女兒女婿來接機，全家團圓。本來計畫要住三個月申請健康卡，三個月果然申請成功，雖然遭遇難關，幸觀世音菩薩保佑順利，原準備返台，但聽到身邊親友鼓勵我再延期三個月住下，因而台灣的農曆年也趕不及，只好在心底遙祭祖先。

在加拿大六個月上了英文課，回顧三十一年前在美國學英文時，我才四十三歲，如今，七十多歲還能再學英文，外國老師、來自不同國家的同學們，讓我重新學習，其中還忘了不少，趁此機會好好複習，學習情況不錯，程度是第三組中等，外國老師對我印象很好，同學們彼此和愛，上課時，我都自己帶便當，同學們還請我吃水果，人間真是處處有溫情。

在加拿大的六個月。碰到三十年來最冷的風雪零下三十五度，路面結冰濕滑，早上剷雪，凍到手指都僵硬，感受到冰凍人死去，先從手指變冷、變僵硬，血路不通，再蔓延到全身，非常可怕，連我這個愛刺激的人都少見的低溫景象。

在加拿大的一對八十歲好友夫妻，一到冬天，白天都在百貨公司內散步，打發時間。在我看來，人到老時，還是選擇落葉歸根。

這段期間，我也返回美景更勝天堂的美國密西根。三個晚上住姑媽家客廳，體會到人生無常，是最後一次與姑媽見面，她見到我與女兒一家人高興無比，招待我們到密西根大學旁吃烤魚。姑媽是個愛乾淨、愛整理家務的女主人，因為生病，客廳、飯廳、房間堆滿一大堆的衣物、雜物，我們只好清出客廳一小角落，晚上和女兒一家七口用睡袋頭靠頭、肩碰肩睡覺。連浴室也堆上雜物，無法洗澡，想到過去姑媽愛美、愛整潔，因病纏身，全變了樣。

當時我心底感到，是人生離別時刻近了。六個月後，姑媽走完人生旅程，那時我已回台灣，只請女兒、女婿送她一路好走，我在台灣禪農寺做地藏法會，護佑姑媽。想到過往相聚時光，受到姑丈、姑媽照顧，不覺流下傷心淚水。

這半年來，還去了芝加哥，姑丈開著他的私人直升機，在機上俯瞰景物壯觀，六個月收穫良多。住女兒家，基督徒一家人周日去教堂做禮拜，我一同參加二十四次的星期日教會。古人說，入境隨俗。我也樂在其中。

平安回台後，姑媽、大姊、當兵同袍、護持等親友陸續上了天堂，因此，今日的事盡快完成，把握當下每分每秒，不能再錯過了。

回到台灣後，夏天異常炎熱，每日三十五度高溫以上，在多倫多零下三十五度的低溫和台北三十五度高溫，最寒冷和最炎熱的氣候，都讓我遇上了，這個年紀的我還是承受得住，不只是身體上的考驗，也是生命的試驗。

雖然台北大環境差，交通卻是便捷，尤其捷運四通八達。在台灣我到北投農禪寺水月道場當導覽、做義工，當義工導覽認識許多信眾。我很有福報，因緣俱足。

聖嚴師父說盡形壽、獻生命、為眾生，只要我在，需要我就來。過去我是勸募款項。後也體會關懷的重要性。這是觀世音的精神，度眾生、利人利己，像我這樣七十多歲的年紀盼望有健康的身體，不計畫退休，做到不能做為止，一分一秒不能錯過，人生最極盡處最精采，真正修煉道鐵變金，這是我的生命。

求進步，不要原地踏步

各位，看了我的人生經歷，您是否也心有戚戚焉，產生共鳴？

在過去困苦的年代，只要不偷懶，勤奮工作，只能求溫飽；然今日，大家都求過舒適自在的生活，更是不應懶散，只求今日就好之心，人生要看得遠，千萬不可短視，就像當年，我將視野放遠，為了孩子的學業、為了栽培優秀的下一代，才下定決心到美國開餐館。

回憶書中的種種畫面，都是我深刻的回憶，沒有加油添醋，全是當時內心真實的反映，不在誇耀。

為人，要求進步，而不要原地踏步，期許讀了我的生命故事回憶，能超越現況、超越自己，開創人生的一番作為。

後記：寫書過程

陳靜雅

二〇一〇年十二月二十二日，在天使花園和黃子瑛老師見面後，心中充滿了愉悅，她是一位通靈的善知識，我請教她：我家庭的事業圓滿了，丈夫功成名就，子女長大成家立業，也都為人父母了，我也已經六六大順，可不可以再為自己做一張漂亮的成績單呢?!

她說未來的路既寬廣且有味，而且是非同小可呢！只要放心去做，現階段只要輕輕鬆鬆、快樂遊玩、學習娛樂。

未來不是夢，精采人生從此刻開始

於是獨自一個人學著上館子，還去看一場電影「阿凡達」，戴上三D眼鏡，享受科技進步的娛樂，看完之後又走到阿波羅大廈後面的「天使花園」，想見見子瑛老師肯定我的未來不是夢，就在那裡遇見了林春雄先生、蔣惠珠小姐。

子瑛老師將我的珠寶設計秀給他們倆位看，簡單說明我的創作理念，他問我的出生年月日，要算我的生命密碼，由於好奇，我從子瑛老師的桌子移到林蔣兩位的桌子前，於是好玩的事情開始了。

林春雄他算出了我是幾號人？他算出了我的生命特質是什麼？他算出了我的缺數是什麼？為什麼我會是今日的我？未來又會是什麼樣貌呢？更妙的是，缺數是可以補的，用色彩、穿什麼顏色的衣服，用精油補缺數，增加磁場，吸引好的人事物。拗不過他的生意嘴，又不甘心放棄這麼容易就可以讓自己生命圓滿的秘訣，索性把全家人的缺數全備齊了，一人一瓶的掛在頸上。

說也奇怪，每天香香的，好像有仙人相伴似的，心情好極了，無來頭的事情就順當起來，兒子通過了讀了八年的博士考試，終於拿到了天文博士學位，也在口試老師的邀約進了中原大學博士後研究一年，現在進入職場研究空氣品質，「大隻雞晚啼」果真不假。家中其他成員都往順境一切平安，心中了無牽掛，每天只認真理家，除了陪陪孫子，其他的時間都拿來做我最喜歡做的事，畫畫、書寫。

勇敢跨越人生的關口

在兩位熱忱邀約下進了英國精油研究發展中心，去聽不同領域的老師上課，有研究生命密碼的，有研究精油製作及療效的，有人體脈輪部位對應的臟器，有筋絡穴道、有流年流月流日，林林總總都是在研究：如何使自己身心靈平衡舒適，如何使用精油增加自己的能量，進一步協助別人度過人生不適當的關口，十分地吸引人深入探討，這本來就是我與生俱來的特質，自我清楚知道我要什麼，我在做什麼，所以我十分地用心、使用、研究與分享。

我們三人變成了同學，共修人生的課題，也常常在課後討論分享彼此的心得。他們接觸早，時時教導我。

在一個天色灰濛濛的下午，我們在師大附近的一間法式咖啡廳，蔣小姐正介紹我如何使用氣卦精油時，林師兄突然想起幾十年前當他還是一個小孩，他對我說：「天色就像這樣灰灰的、濛濛的，我不知道自己該去哪

▲ 在九份芋圓店裡，聽著九份的故事。

裡?!走到阿姨家，阿姨問我，你吃飽了嗎？其實還沒吃，又不好意思說，只能跟她說吃飽了。」

說著說著，他紅了眼眶，聲音黯然，頓時空氣凝住了，人與人之間的距離化解了，他不再是個生意人，他變成了生命鬥士，我也不再是有防衛心的顧客了，仔細聆聽他說自己的故事，蔣小姐傻在一旁，她說跟隨老師七年了，從沒聽他提起過，對他，我心中多了一份尊敬。

生命活水源頭在九份家鄉

九份是他的故鄉，為了讓我明白九份的地貌，他邀我一起去九份看他的家，在墳堆附近的老家。在他大姊家附近停好車，一間間一幢幢介紹著，這是他讀的小學，他說：「妳看學校這麼小，可是運動會賽跑，我竟然暈倒，體育老師抱我去醫務室休息，那就是因為我沒吃早餐。」他就是如此這般自自然然的敘述他的童年往事。

一排接著一排的石階，邊說邊往下走，走到阿婆的魚丸店，他說這家最道地，吃了一碗，又去吃甜點，再換一家，真是走過大街又穿過小巷。九份是一層又一層台階砌成的山城，天快黑了，又下起雨來，他才驚覺是不是該往回走，他太興奮了，這裡是他的家鄉，是他生命的活水源頭，滋養他壯大，因為有這些才讓他努力不懈，他要我來認識、來理解，才能為他的生命做注解。

▲ 在九份阿雲魚丸店想起過去童年時光，曾經我也是牆上照片中，那樣天真無邪的小小孩。當年吃阿雲的魚丸湯，他就像牆上的孩子般大，轉眼間，已是花白人生。

往上走的路真的很難，走著走著，腿痠極了，肚子痛的要命，心裡更難受，想著他的童年，為了家計，每天就在這千百個石階裡上上下下，我落淚了又不好意思真哭，只好轉笑，他攙扶著我，他也笑了，他經過千錘百鍊，最後光榮的回家鄉，所有的苦楚都熬成滋補的人生雞湯，他功成名就，孩子是他的驕傲，走菩薩道是他的成就，我答應幫他紀錄口述，寫下他原汁原味的感人故事。

林師兄的記憶力超強，每一樁人情，每一件小事，都記得清清楚楚，

▲ 小時候，最愛吃阿雲阿婆的魚丸湯，在記憶中，她好美麗唷。兩人相認倩影一張，這些都成為無比珍貴的童年回憶，兒時記憶鮮活起來了！

難在他沒有秩序，想到哪說到哪，前後跳躍，穿插自如，必須非常仔細去分辨哪在前、哪在後，先斷年代，再分地區，何時何地發生什麼事情，一樁一件一一紀錄。

寫書的日子也很辛苦，一早騎個腳踏車去開車到我家來接我到他家，安頓好，開門上樓打開窗戶，亦或是冷氣風扇，再下樓，把汽車開去停好，再騎腳踏車回來，順路買水餃到家沏茶，準備麵包水果等早餐，然後開始敘述，我記錄，惠珠配合找照片，她真是神準，師兄說到哪裡，日

▲ 兒時玩伴，現在做起里長了，彼此相認，六十幾年沒見了，遠親不如近鄰。

本、韓國、美國、加拿大，她能立刻從一大堆的相簿裏，抽出他要的那張照片，可見老師平日操練夠精準明確。

寫到肚子挨不過去了，起來下水餃，他說「苦毒」（虐待），我說簡單就好，書寫完了，要吃什麼再說，時間寶貴，於是各下十五顆水餃，一碗清湯，飯後一根香蕉，洗碗擦手，繼續努力，寫到辛酸處他哭，我們也陪著流淚，講到好玩處，我們也笑到淚直流。

書就是如此這般寫成的，晚上回家騰稿時，心緒很難平撫，要聽音樂，要吃巧克力糖——我的安慰劑，才能持續抄錄。

他擁有勇敢、善良、真誠、鎮定、豁達的特質，和一顆想要邁向更璀璨的美麗人生的決心。他的韌性令人感佩，他為人立下了一個榜樣，從他身上看到人性的光明面，學到沒有過不去的關口，他豁達到可以讓人由笑轉哭，想哭卻笑個不停的本領，日子原來可以這麼過，與他為友與有榮焉，去想想他是怎麼樣的心境，你得進入另一種生活，成為另一種人。

▲ 紅燈籠、長石階的九份，讓現代人流連忘返。

感謝：

陳靜雅老師、蕭惠月、侯金水文字撰寫整理。蔣惠珠照片整理。

▲ 2016年，目前在法鼓文理學院校門口認養土地，負責景觀維護。

Do人物67　PC0607

人生再痛，也要堅持信念

——一個九份撿煤渣孩子的奮鬥人生

作　　者／林春雄

責任編輯／杜國維

圖文排版／楊家齊

封面設計／葉力安

出版策劃／獨立作家

發 行 人／宋政坤

法律顧問／毛國樑　律師

製作發行／秀威資訊科技股份有限公司

地址：114 台北市內湖區瑞光路76巷65號1樓

電話：+886-2-2796-3638　傳真：+886-2-2796-1377

服務信箱：service@showwe.com.tw

展售門市／國家書店【松江門市】

地址：104 台北市中山區松江路209號1樓

電話：+886-2-2518-0207　傳真：+886-2-2518-0778

網路訂購／秀威網路書店：https://store.showwe.tw

國家網路書店：https://www.govbooks.com.tw

出版日期／2016年11月　BOD一版　**定價**／300元

獨立作家 Independent Author

寫自己的故事，唱自己的歌

人生再痛, 也要堅持信念：一個九份撿煤渣孩子的奮
鬥人生 / 林春雄著. -- 一版. -- 臺北市：獨立作家,
2016.11
面； 公分. -- (Do人物 ; 67)
BOD版
ISBN 978-986-92963-6-6(平裝)

1. 林春雄 2. 回憶錄

783.3886 105019340

國家圖書館出版品預行編目

讀者回函卡

感謝您購買本書，為提升服務品質，請填妥以下資料，將讀者回函卡直接寄回或傳真本公司，收到您的寶貴意見後，我們會收藏記錄及檢討，謝謝！

如您需要了解本公司最新出版書目、購書優惠或企劃活動，歡迎您上網查詢或下載相關資料：http:// www.showwe.com.tw

您購買的書名：________________________________

出生日期：________年________月________日

學歷：□高中（含）以下　□大專　□研究所（含）以上

職業：□製造業　□金融業　□資訊業　□軍警　□傳播業　□自由業

□服務業　□公務員　□教職　□學生　□家管　□其它_____

購書地點：□網路書店　□實體書店　□書展　□郵購　□贈閱　□其他

您從何得知本書的消息？

□網路書店　□實體書店　□網路搜尋　□電子報　□書訊　□雜誌

□傳播媒體　□親友推薦　□網站推薦　□部落格　□其他__________

您對本書的評價：（請填代號　1.非常滿意　2.滿意　3.尚可　4.再改進）

封面設計____　版面編排____　內容____　文／譯筆____　價格____

讀完書後您覺得：

□很有收穫　□有收穫　□收穫不多　□沒收穫

對我們的建議：________________________________

____

____

____

請貼
郵票

11466
台北市內湖區瑞光路 76 巷 65 號 1 樓
獨立作家讀者服務部 收

（請沿線對折寄回，謝謝！）

姓　　名：＿＿＿＿＿＿＿＿＿＿　年齡：＿＿＿＿　性別：□女　□男

郵遞區號：□□□□□

地　　址：＿＿＿＿＿＿＿＿＿＿＿＿＿＿＿＿＿＿＿＿

聯絡電話：(日)＿＿＿＿＿＿＿＿＿＿(夜)＿＿＿＿＿＿＿＿＿＿

E-mail：＿＿＿＿＿＿＿＿＿＿＿＿＿＿＿＿＿＿＿＿